SAINT LOUVENT OU LUPIEN

(LUPENTIUS)

MARTYR DU VIe SIÈCLE
SA MORT, SES RELIQUES ET SON CULTE

PAR

H. LABOURASSE

Officier d'Académie
Membre associé de la Société académique de l'Aube,
de l'Académie de Stanislas de Nancy, et de plusieurs autres Sociétés savantes.

VERDUN
IMPRIMERIE DE CHARLES LAURENT, ÉDITEUR
12 et 14, Quai de la République

1892

Hommage respectueux de l'auteur à M. l'abbé [illegible], curé de Rosières-près-Troyes, le 7 mars 189[illegible]

[illegible]

SAINT LOUVENT OU LUPIEN

MARTYR

Photo. J. Royer, Nancy

REMBERCOURT.

SAINT LOUVENT ou LUPIEN

(LUPENTIUS)

MARTYR DU VIe SIÈCLE
SA MORT, SES RELIQUES ET SON CULTE

PAR

H. LABOURASSE

Officier d'Académie
Membre associé de la Société académique de l'Aube
de l'Académie de Stanislas de Nancy, et de plusieurs autres Sociétés savantes.

VERDUN
IMPRIMERIE DE CHARLES LAURENT, ÉDITEUR
12 et 14, Quai de la République

1892

SAINT LOUVENT ou LUPIEN

MARTYR

Les légendes des saints, trop délaissées de nos jours, occupent cependant une place considérable dans notre littérature nationale comme dans les annales ecclésiastiques. Beaucoup remontent à l'origine du christianisme dans les Gaules, et drapées à l'antique par nos vieux chroniqueurs, elles ont, pour qui sent et croit, un charme indéfinissable. En les débarrassant de leur livrée archaïque sous prétexte de les rajeunir, on les déflore et l'on commet un acte de vandalisme, comme celui qui gratte ou badigeonne nos vieilles et naïves statues, objets d'une vénération séculaire. Dans leur zèle étroit et aveugle, les *dénicheurs de saints* ont risqué d'ébranler la foi sous prétexte de l'éclairer.

Tous les détails de ces antiques légendes sont-ils authentiques ? Nous sommes loin de l'affirmer. Elles se contredisent quelquefois, souvent même, sur des points d'une importance secondaire, et cela d'autant plus fatalement qu'elles remontent pour la plupart à une époque où les annales sont rares, obscures, et la critique difficile ; mais les faits principaux restent acquis à l'histoire, malgré ces divergences dans les détails. Sans cette concession nécessaire, que de personnages historiques seraient considérés comme apocryphes ! N'a-t-on pas nié l'existence d'Homère malgré ses chefs-d'œuvre et connaît-on d'une manière précise la patrie de Christophe Colomb, dont à peine quatre siècles nous séparent ?

Donc, de ce que les légendes hagiographiques ne sauraient subir, quant aux faits secondaires, l'épreuve d'une critique rigoureuse et parfois malveillante, il faut se garder de conclure qu'elles sont de tout point erronées. Le fait principal, le seul important, est attesté par une tradition constante, accepté par des savants d'une érudition profonde, et consacré par un culte immémorial, culte qu'à aucune époque, non plus qu'à la nôtre, on n'eût pu imposer de toutes pièces à l'*ignorance* et à la *crédulité* de nos ancêtres, aussi scrupuleux que nous en matière de foi.

« On a voulu voir, dans les légendes, la partie fabuleuse de la vie des saints, parce qu'il s'y trouve des miracles. C'est une pauvre raison, qui ne peut satisfaire un esprit chrétien. Le miracle est naturel à Dieu et aux saints ; il n'y a qu'à en constater la réalité ; sa présence ne peut infirmer la vérité d'un récit. (CHANTREL, *Hist. de France, I, 167-168*).

La lutte héroïque que soutient l'épiscopat français contre la franc-maçonnerie nous a rappelé la pieuse légende de saint Louvent, *Lupentius*, victime de la reine Brunehaut, dont il stigmatisait les déportements. Possesseur de documents nombreux, encouragé par d'éminents ecclésiastiques qui se sont faits nos collaborateurs (*a*), nous avons jugé opportun d'écrire cette légende sous leur dictée avec les développements qu'elle exige, heureux si sa lecture relève les courages, ravive le souvenir du vaillant athlète, et ranime la foi des fidèles en sa puissante intercession.

(*a*) MM. les abbés BARRÉ, chanoine titulaire de Châlons ; — BOSSE, chanoine titulaire de Mende ; — ECALLE, chanoine, vicaire général de Mgr l'Evêque de Troyes ; — GUILLAUME, chanoine, professeur au Grand Séminaire de Verdun ; — NIORÉ, chanoine, secrétaire de l'Evêché de Troyes ; — etc., à qui nous exprimons toute notre reconnaissance.

PREMIÈRE PARTIE

LA LÉGENDE [a]

. . . .

II

Brunechilde, qu'on nomme autrement Brunehault, sœur de Galsonde et fille d'Athanagilde, Roy d'Espagne, fut mariée à Sigebert, Roy de Metz, comme Galsonde à Chilpéric, Roy de Paris ou de France, l'an 569, duquel Sigebert elle eut Childebert pour fils, qu'elle sauva lorsque son mary fut tué à Paris l'an 573, le mettant dans une corbeille et le donnant à ses confidans pour le porter à Metz et l'y nourrir. Quand à elle, Chilpéric l'enuoya en exil à Rouen, néantmoins elle fut rendue aux Metsins par leurs instantes prières : Boson estoit de ce temps un

(a) Cette légende est littéralement extraite d'un ouvrage intitulé : *La Sainctetè chrestienne contenant les vie, mort et miracles de plusieurs saints de France et autres païs, dont les reliques sont au Diocèse et Ville de Troyes, auec l'histoire Ecclésiastique, non encore imprimées ny mises en lumière ; recueillie par M. N. Des Guerrois, de Jésus, Pr. ind. et P. de Troyes.* — A Troyes, par Jean et Françoys les Jacquard, rue Corderie. — Avec priuilège du Roy et approbation des Docteurs. — 1637.

On a dit, trompé par une ponctuation fautive, que N. Des Guerrois appartenait à la Société de Jésus. Il faut lire en effet comme il suit le titre ci-dessus..... *recueillies par M. Nicolas Des Guerrois, de Jésus prêtre indigne et pénitencier de Troyes.* — Aucun jésuite n'ajoute *de Jésus* à son nom ; cette addition ne se rencontre que dans l'ordre des Carmes

N. Des Guerrois, né à Arcis-sur-Aube, vers 1580, est mort en 1676, chanoine de la Cathédrale de Troyes.

Seigneur partisan de Sigebert et de Brunechilde, haï du mesme Chilpéric, à cause de quoy il se fist moine en la ville du Mans. C'estoit en ce temps que sous le règne de Childebert, Brunechilde faisoit beaucoup de biens au monde, et depuis la mort de ce jeune Roy de Metz qu'on attribue à elle-mesme sa mere (car il mourut en un mesme ïour auec sa femme d'un boucon (breuvage) qu'on luy donna sous le bas aage de ses deux arrière-fils Theodebert et Theodoric (Thierry) enfans de Childebert, S. Grégoire le Grand qui viuoit, luy escriuit des lettres et la louë que de ses propres deniers elle racheta de prison deux Roys ses arrière-fils, qu'elle fist bastir des Esglises, rebastir les ruineuses (tombant en ruines), et fonda des monastères signamment celuy d'Aisnay, proche de Lion, en l'honneur de saint Pierre, et celuy de Saint-Martin d'Autun : Mais depuis qu'elle domina ayant la garde noble de ces deux Roys Theodebert et Theoderic, ô que l'ambition la changea et rendit cruelle ! Saint Grégoire mourut en 606 (604) et ne vid pas le temps qu'elle s'empira.

III

Or en l'an 613, estant la guerre sanglante entre ces deux frères Roys Theodebert et Theodoric, elle se retira vers celui-cy qui la receut fort humainement, à cause que celui-là, voiant ses mauvaises dispositions, l'avait chassée de sa cour, si que Theodoric se laissoit manier à ses conseils : las ! ce fut en ce temps que luy et elle, le petit-fils et l'aïeule montrèrent que leurs ames estoient portées à la cruauté. Sans respect de la vertu et noblesse ils déposaient les seigneurs de leurs grades, pilloient les riches, et esleuoient (élevaient) des vitieux aux dignités : *Prodatius* conestable de Bourgongne, procurant la paix entre ces deux frères, y perdit la vie : et ne fut pas assés que Brunechilde arma la cruauté de Theodoric contre les grands, elle luy conseilla de répudier sa propre femme Hermembergue (afin que, ne craignant pas tant ses concubines qu'elle eust fait la Royne, elle pust le gouverner à sa volonté) on dit qu'elle fist tuer Theodebert, fugitif à Cologne, où il s'estoit sauué (sauvé) de la prison de Chalon-sur-Saone, et de plus, Theodoric et elle tournèrent leur furie vers les Religieuses et sainctes personnes : Donc on remarque es histoire qu'enuiron (environ) cette année 613, S. Didier Euesque de Vienne, retourné d'exil peu auparauant, fut lapidé par le commandement de cette méchante et de Theodoric, pour ce qu'il ne desistoit point de reprendre leur vie mauuaise (mauvaise) : S. Colombain (Colomban) abbé fut chassé en exil, et S. Lupien (Louvent, *Lupentius*) souffrit le martyre pour la vérité, auât (avant) l'histoire duquel nous auons (avons) rapporté ces choses pour la rendre plus claire.

IV

Il prist son origine d'une maison noble en Auuergne (Auvergne), au territoire de la ville Saint-Privas (Privas), il eut ses père et mère nobles, renommez en vertus, qui se plaisoient dauantage à viure (vivre) selon ordonnances du ciel qu'à leurs noblesse et moyens, ausquels Dieu ayant donné ce sainct enfant, dès son bas aage, il donna des signes manifestes qu'il seroit son seruiteur : il fut porté aux saints fonds de Baptesme, où auec le nom de saint Lupien il receut la grace et l'impression de saincteté, mais si tost que la force et parolle luy vint, il s'employa pour aymer et honorer Dieu : Sans difficulté il fut mis aux escoles, où apprenant les sciences et la piété il faisoit vn si grand aduancement (avancement), que ceux qui le voyoient l'en trouuèrent admirable : Que peut sortir de bon père et mère que de tels enfans ? les bons arbres portent les sauoureux (savoureux) fruicts : et ce sont merueilles, quand en un enfant la science et la piété se lient ensemble : Saint Lupien fera voir ci-après sa doctrine, maintenant dès son jeune aage il commença, par la sainte vie qui estoit vn (acte) continuel de solides vertus, pour ce que, ores il visitoit les malades, ores il consoloit les affligez : tantost il jeusnoit et de ses jeusnes auec son reuenu (revenu) il donnoit l'aumone aux pauvres, et tantost il secouroit les honteux. Or, dautant que la vraye piété embrasée d'un S. amour de Dieu et de son prochain les regarde tous deux il aimoit Dieu de tout son cœur et son prochain comme soi-mesme, luy donnant son assistance autant qu'il luy estoit possible : Que si nous n'auons rien de plus prochain que nous mesmes, c'estoit encore à soy qu'il faisoit du bien selon les regles de l'esprit, mais durement selon les appetits de la chair, laquelle en soy il vouloit rendre subjecte à la grace, en ce qu'il viuoit (vivoit) dans les mortifications, portant des cilices, jeusnant souuent, mais tousiours domptant ses passions internes, si que le jeusne suiuoit (suivoit) son cilice, à son jeusne suiuoient ses aumosnes, à ses aumosnes il adjoustoit ses larmes et prieres qu'il offroit à Dieu pour l'appaiser s'il estoit irrité contre les pechez du monde, ausquels pour ne point tremper, il faisoit obeïr son corps à son ame, son ame à la raison, sa raison à la grace et à l'esprit de Dieu.

V

Estant admiré et honoré de tout le monde, qui le cognoissoit pour sa sainte vie, il fut le mieux aymé de son Euesque, duquel il receut les sainctes ordres de Prestrise, et encore qu'il s'en declarast indigne, neantmoins il y fut promeu de Dieu, donnant cette inspiration à son Prelat de luy conferer et enjoindre d'en faire les fonctions. Or, comme il florissoit en sainte vie, pieté et science et que le deuoir (devoir) d'un bon Prestre est de celebrer souuent (souvent) le saint sacrifice, prier pour le peuple, et l'enseigner pour le conduire à salut, pour ce qu'il est constitué à ces desseins et choisi des hommes pour les ayder vers Dieu, saint Lupien promeu à ce grade si proche du fils de Dieu, y employa diligemment son estude, et pour ce que par nécessité d'affaires il estoit contrainct de hanter les gens de cour, y voyant des pechez enormes, que le frere s'armoit contre le frere, qu'aucuns malins les mettoient en discorde au lieu de procurer la paix, que les bons estoient opprimez, que les malicieux y auoient credit, et que tout bien estoit exilé, il en fit de belles remonstrances en ses predications pour remettre les delinquans en vne meilleure voïe : son dessein estoit bon pour extirper les vices, mais si vous arguez vn meschant, au lieu de se recognoistre il vous portera de la haine, dit l'Escriture : ce que nostre sainct receut pour le salaire de ses trauaux, d'autant que voicy des flatteurs de cour, gens de calomnies, plustost recherchans la bonne grace et la bourse du souverain, que le salut de leurs ame, qui rapportent à la Royne que Lupien n'a faict que tempester en la chaire, qu'il taxe les grands, qu'il reprend les faicts du Roy et de la Royne son ayeule, qu'il se pleind qu'on a faict mourir l'euesque Didier et exilé l'abbé Colombain, enfin que ce n'est qu'vn séditieux propre à broüiller l'estat (car telles sont les qualitez qu'on donne aux predicateurs qui d'vn bon zele reprennent les vices) ils y adjoustent encore pour grossir la balle de leurs calomnies, signamment un certain Innocent (Emyne) animé contre le sainct d'un esprit de vengeance.

VI

A ce rapport la Royne le fist appeler pour rendre compte de ses faicts et parolles ; arriué, on s'en saisit et de là mené deuant cette Princesse, non sans mocquerie, aux yeux de laquelle il est soufleté, mais luy plus encouragé de l'Esprit de Dieu pardonne volontiers ces injures receuës : Si est-ce que celles qui sont faites a Dieu, il ne peut les supporter, et comme il est interrogé sur diuers incidans, et actions faites contre l'estat (qui estoient controuuées) il s'en purge dignement, faisant toucher au doigt et voir à ceux qui ne veulent auoir des yeux, que ce ne sont que mensonges effrontez et calomnies impudantes, que Dieu l'ayant appellé à ce sainct office de la predication et de la sacrée Prestrise, il est obligé d'enseigner les vertus et reprendre les vices, expliquant le saint Euangile, par lequel les predicateurs en veullent aux vices, bien-veillans aux personnes desquelles ils desirent le salut. Le sainct s'adresse mesme à Brunehault luy mettant deuant les yeux que les iniquitez regnent en sa cour, ce qu'il fist auec tant de suauité (suavité) d'esprit et de prudance, que parmy l'amertume de ses reprehensions, il y mesloit le doux de sainctes remonstrances, monstrant que ce n'estoit pas l'inimitié mais la celeste verité qui luy donnoit parolles, puis qu'auec tant de patience il souffrait les injures qu'on luy faisoit indignement. Que peut faire alors cette Jesabel, le mesme que font les femmes cruelles qui ont de la puissance, qui est d'assouuir (assouvir) leurs rage feminine, en ce qu'elle commanda qu'il fut dauantage battu, mocqué de risées, affronté d'iniures, chargé de chaisnes et jetté au plus creux cachot de prison : pour ce suject il fut liuré (livré) entre les pattes de Boson iuge et facteur des cruautez de cette felonne femelle : ô quelle recompense de la verité ! quand elle est prononcée, elle produit de la haine, ainsi que la flaterie des faueurs (faveurs).

VII

Ce juste qui n'estoit en rien criminel, fut mis en prison par les coupables comme saint Iean par Herode à la poursuite d'Herodias, ou neantmoins saint Lupien asseuré sur l'innocence de sa vie demeuroit constant et sans aucune crainte, se confiant en Dieu parmy ses tribulations, et chantant en son ame cette parolle du saint psalmiste : *Dieu est fidelle en tous ses propos et sainct en toutes ses œuures (a)* : ô qu'il s'asseuroit sur la promesse de son créateur qui a dit veritablement, que iamais il ne delaissera ceux qui ont esperance en luy tellement qu'en cette vérité de ses promesses il s'affermissoit dauantage pour souffrir doucement ce qu'il luy plairoit : En la prison indigne d'vn si venerable Prestre il est gardé diligemment les manottes en ses mains, et en ses pieds des ceps afin qu'il n'eschappe, mais Dieu qui le prepare pour estre vne saincte victime sur son autel du martyre, comme il s'estoit mis en prieres, le console par vn de ses anges : il redouble ses oraisons et la reuelation (révélation) luy est faite qu'en brief il doit estre associé aux saints martyrs, et puis qu'il combatoit si vaillamment pour la verité il en remporteroit la couronne : ô quel contentement, ô quelle ioye à son ame ! elle y fut si grande que ses gardes le voyans si ioyeux comme esclairé en la face d'vn bril celeste le supplierent de les faire participans de ce soulas (contentement) qu'il avait receu de Dieu : Il le faict à leurs instante priere, leur disant : Mes amis il est bon de cacher le secret des Roys, mais conuenable de descouurir les mysteres de Dieu : vous me demandez d'où m'est venuë vne si grande ioye et contentement ! hé, qui ne seroit ioyeux de voir vn ange ? qui n'auroit du

(a) Ps. XXXII.

soulas d'être consolé du Ciel ? qui ne seroit tres-contant si Dieu l'aduertissoit qu'il sera en peu de temps son martyr ? N'est-il pas veritable que Iesus-Christ a dit : resiouïssez-vous que vostre salaire vous est reserué dans les cieux : C'est mon attente, c'est ma ioye : ie rends mille actions de grace à la bonté de Dieu : Au mesme instant Brunehault en fut aduertie, malheureuse princesse qui 'abre uuant (s'abreuvant) du sang des gens de bien se disposoit à le faire mourir, mais en quelle manière ? si c'est de iour, elle regarde qu'il est aymé de tous pour sa grande saincteté et doctrine: si c'est publiquement, elle tremble, pour ce qu'il estait autant chery qu'honoré: elle feint donc, tant elle estoit malicieuse, que amiablement elle le mettoit en sa pristine liberté, dont elle le fist sortir de la prison.

VIII

Neantmoins Boson faisant l'office d'vn inique iuge pour consentir aux menées de cette mauuaise femme, l'auoit tacitement desja condamné à la mort: s'il est mis en liberté, c'est vne dissimulation pour mieux la luy oster : s'il est hors de prison, c'est pour le mettre hors du monde : s'il s'en retourne, c'est pour plustost le faire mourir : Or comme il s'en va passant sur la riuiere, cette cruelle le faict poursuivre de nuict : Voicy donc Acymine et Rodon, gentilhommes de sang et bandoliers de leurs office, qui pour obeir à cette meschante, le suiuirent à la trace, le cherchent, courent en diligence ou il s'acheminait et a raison qu'il auaient crainte de quelque grabuge populaire, le surprenans dans la nuict le firent mourir par l'espée à la lueur des flambeaux : iamais les couppegorges ne firent pis que d'attendre les passans aux sombres de la nuict et leurs oster la bource et la vie : Or afin que le peuple qui grandement honoroit saint Lupien, ne sceust vne cruauté si estrange, et que sa mort demeurast celée, ils prirent conseil, que son corps d'vn costé, et son chef de l'autre fussent jettez en l'eau : ils enuelopperent donc sa teste dans vn sac de cuir, et la jetterent au plus profond de la riuiere, ils en font le semblable à son corps que d'autre part ils submergerent au plus creux abisme du même fleuue, apres qu'ils l'eurent laissé quelque temps sur la place pour estre la curée des oiseaux et bestes qui par la prouidence de Dieu n'ausans y toucher, les hommes se monstrerent plus cruels en ce qu'ils le jetterent en l'eau pour seruir de viandes aux poissons : mais quel conseil peut trouuer aucune inuention contre les desseins de Dieu ? s'il auoit gardé le corps saint de la dent des bestes sauuages, ne pouuait-il pas le preseruer de la pasture des poissons ? Cela est vray, car sa main puissante n'est iamais affaiblie, dont voicy vne merveille plus grande, la terre l'a porté mort, pour seruir de proye aux bestes nocturnes qui n'y ont point touché : l'eau l'a receu, mais ne l'a peu garder en ses abismes, car tost apres il remonte à fleur d'eau.

IX

Ces barbares le voians au bord du fleuue (fleuve), en sont plus enragez, et craignant que leurs malefice vienne à estre découuert, ils chargent ce saint corps de poids,et l'attachans à vne grosse pierre, le precipiterent encore en des lieux plus profonds de la riuiere. Dieu derechef le monstre au iour, et submergé qu'il est, non point par vne operation humaine, mais divine, il flotte sur l'eau et vient à bord ; ô combien nostre Sauveur, qui a coustume de deffendre ses amis dans leurs plus grands perils, et les glorifier apres leurs victoires, se monstra puissant à ne point permettre qu'vn si cruel massacre de saint Lupien demeurast caché à la cognoissance des hommes ; le iour venu vn aigle divinement poussé (comme la créature irraisonnable par la puissance que Dieu a sur elle, n'est jamais refractaire à son vouloir, s'enuola aux bords du fleuue, et s'y plongeant retira le sac de cuir où estoit le chef du Sainct enveloppé : N'estoit-ce pas là vne merveille qu'vn aigle ait faict de telles choses ? Dieu adjoutant vn autre miracle sur celuy-cy (pour nous enseigner qu'il opere de grandes choses pour ses Saincts) qu'il fist pour le chef de S. Lupien : il estoit sur la rive de l'eau garanty des poissons, mais exposé aux bestes sauuages qui pouuoient s'en gorger, aussi bien que les oiseaux de proie, si est-ce que cét aigle qui guidé d'vne vertu d'en haut l'avoit puisé du profond du fleuue, par le mesme mouuement le gardoit iour et nuict contre tous les accidans : La vertu de Dieu tout puissant a poussé vn oyseau à le retirer et garder, et sa mesme clemence voulut puissament vser de son authorité vers vn bon homme, luy commandant d'enseuelir ce sainct Chef ! Qui ne confessera que Dieu assiste les siens viuans et morts? et qu'il a promis véritablement : Tous vos cheveux sont contez, il ne s'en perdra pas vn : Que s'il a soin des passereaux, combien plustost des siens et des saincts ! Vn ange donc venu du ciel apparut à vn venerable prestre nommé Paul, l'aduertissant que Dieu luy faisoit vne faueur spéciale pour sa bonne vie, luy commandant d'enseuelir le chef de son martyr sainct Lupien, qu'il trouueroit sur le bord du fleuue, gardé par vn aigle : Paul s'y achemine, trouue l'aigle proche le sainct chef, void qu'il brille d'vne belle lumiere, aussi frais et beau que s'il venoit d'estre soudain détaché de son corps, le prend, il le baise auec larmes, l'admire, recognoissant le soin paternel que Dieu a des justes ; il le loüe et bény, et auec autant de reverence à luy possible, le mist en sepulture, faisant les sainctes ceremonies qu'on a coustume de faire en l'Eglise pour les decedez.

X

Les miracles faicts pour le chef de sainct Lupien furent suiuis de semblables pour son corps, d'autant que Dieu le permettant ainsi pour monstrer aux hommes de quel merite estoit son sainct Martyr, voicy ce corps submergé au fond de la riuière, et lié à vn gros poids, qui non par le moyen d'vn aigle, ny par l'industrie des hommes, mais par le vouloir de celuy-la mesme pour lequel il auoit souffert la mort, se leue (lève) du fond et vient à fleur d'eau, traisnant après soy son poids pour aborder au riuage, et en mesme temps le Sainct apparut à des bergers leur commandant de donner la sepulture à son corps : aussi auoient ils veu vers ce costé la nuict precedente des flambeaux extraordinaires, si que lors accourans recogneurent que c'estoit le corps de sainct Lupien, de ce encore plus accertenez par le venerable prestre Paul qui venoit d'ensepulturer son chef : ils pleurerent d'vn si grand desastre, et par leurs pieté chrestienne le mirent au tombeau, proche le riuage du fleuue :

Mais Dieu qui ne veut pas que les corps de ses amys, qui ont esté les temples vifs de son Sainct Esprit, soient en vn lieu prophane ou peu reueré (révéré), luy qui rendit la vie à vn mort par l'attouchement des os d'Helisée afin qu'on recogneust et honorast dauantage sa sepulture, et qu'on n'y mist point d'autre corps, enuoya son Ange à vn venerable Prestre dit Hermance, Curé d'vne paroisse, luy commandant de transporter le corps du sainct Martyr, de ce lieu si peu honorable que le bord d'vne riviere, dans vne Eglise, et là le mettre en sepulture auec digne reuerence : Ce bon prestre aussi tost assembla des ecclesiastiques ses confreres, il s'y achemine en procession, et de ce lieu à luy designé enleue le corps du Martyr et son chef, qu'il mist dans l'eglise de sainct Remy qui estoit de sa charge, où il les inhuma.

XI

Les guerisons des malades ne manquèrent, comme aussi la punition des meschans s'en ensuiuit : car Boson, juge inique, Innocent (ou Emyne) le calomniateur et la royne Brunehault se virent surpris des supplices conuenables à leurs demerites : Boson qui pour la justice du roy Chilperic s'estoit retiré dans vn monastere du Mans, apres le deceds de ce Roy, jetta le froc aux ourties, et ayant condamné sainct Lupien à mort, plus par cruauté que par justice, deuint maniaque, heurlant, bramant, tournant les yeux en la teste, plus tourmenté du malin esprit que gouuerné de l'humain, et enfin mourut enragé, s'escriant espouuantablement, ayde moy Lupien ! *Adiuua* (adjuva) *me Lupenti !* Son compagnon de peché, Innocent (ou Emyne) ne porta pas aussi sa peine trop loin ; il vid le mal qu'il auoit commis de calomnier sainct Lupien et procurer sa mort, ô que de regrets de conscience, et syndereses picquantes il eust dans son ame : voyant la fin de Boson si malheureuse, à la verité il eut recours à la penitence, il s'achemina tost à Rome pour en conferer avec le sainct Pere, il s'accuse de son grand forfaict, declare amerement ses pechez, desquels la penitence et le pardon lui furent octroyez, mais comme apres le peché remis il y reste la peine temporelle au lieu de l'eternelle, Dieu le punit en ce monde, car luy qui auoit consenty à jetter le corps de sainct Lupien dans l'eau, passant vn fleuue y fut submergé : En fin la cruelle Brunehault receut aussy son supplice, car apres tant de mesfaicts commis (comme recitent les Annales de France) cette malheureuse fut prise par les Bourguignons et Metsins (Austrasiens) et mise entre les mains de Clotaire second du nom, 10. Roy de France, qu'il l'a fist attacher par les cheueux à la queuë d'vn jeune cheual fougueux, lequel courant çà et là, mist en moins de rien ceste pauure vieille en morceaux, et ainsi mourut-elle malheureusement (*a*). Or de sçauoir le temps quand ses sainctes reliques ont esté transportées au village qui porte son nom (*b*), où elles sont maintenant à 6 lieuës de Troyes vers le Septentrion, nous n'en pouuons pas que dire, bien pouuons nous penser que ce peut estre lorsque les Normans rauageoient la France, et signamment la haulte Champagne en 882, et alors quelques vns apporterent ces sainctes reliques en ce lieu dans les forests qui y estoient pour les y sauuer, ainsi que les reliques de sainct Remy furent portées par l'Archeuesque de Reims Hincmar à Esparnay qui estoit dans les bois pour les y sauuer de la fureur de ces barbares au mesme an 882.

XII

Quant à la translation dans la chasse où elles sont à present (qui est fort ancienne) elle fut deuotement faicte en l'année 1469 en ceste sorte : Les pieux habitans de ce lieu, voians que ces précieuses reliques n'estoient pas assez honorablement, pour leurs deuotion (dévotion) plus grande, en firent faire vne neuue de bois doré et embellie d'images, et apres leurs supplications faictes a R. Pere Mre Louys Raguier euesque de Troyes, il s'y achemina et le dimanche d'apres la feste-Dieu en 1469, en vne celebre assemblée des ecclesiastiques, nobles et

(*a*) Une tradition, basée peut-être sur une simple étymologie, veut que cette exécution barbare ait eu lieu au petit village de *Montormentier*, canton de Prauthoy (Haute-Marne).

(*b*) *Saint-Lupien* ou *Somme-Fontaine*, au diocèse de Troyes.

peuple, apres auoir declaré les louanges de Dieu et du sainct martyr, il transporta ces precieux ossemens en cette chasse pendant qu'on chantoit des melodieux cantiques : Ce qui fut faict pour des miracles qui arriuerent (arrivèrent) en ce mesme temps, dont ie n'en reciteray que trois : Le premier fut d'vne Dame de Troyes des plus apparentes, de laquelle on a obmis le nom à cause de sa famille, elle deuenuë forcenée, fut menée au lieu de sainct Lupien, qui y ayant faict ses offrandes, et deuotions par l'espace de quelques iours, se vid heureusement deliurée de l'esprit de forcenerie qui la tourmentoit, et s'en retourna en parfaicte santé en son logis benissant Dieu et loüant son saint martyr. 2. Au mesme temps, comme les miracles y conuiérent les Pelerins à le visiter et celebrer sa feste y loüans Dieu et le Sainct, duquel le iour solemnel est au 13. d'Octobre, vn laboureur de Rigny (*a*), village qui est à une lieuë de là, fut inuité d'y venir, qui n'en fist aucun estat, se riant de la feste et du Sainct, de sorte que par vn grand mepris il s'en vint sur le finage de sainct Lupien pour labourer de ses terres qui y estoient assises : il ne fut pas plustost en ce lieu, que ses cheuaux auparauant doux, deuinrent farouches, rompans leurs harnois et attirail, et s'en accoururent au lieu de sainct Lupien. Ce laboureur mesme par punition diuine deuint forcené, et accourut au mesme lieu, monstrant par ses extraordinaires actions de manie, que c'estoit punition de Dieu : ceux qui le cognoissoient en eurent compassion, le prirent, et malgré luy l'entraisnerent jusque dans l'Eglise, où apres plusieurs prieres faictes, son bon sens luy reuint quelque peu, il aduoüa sa grande faute et le blaspheme qu'il auoit commis, se confessa, et s'estant recommandé à la misericorde de Dieu par les merites du Sainct, fut guery. 3. Vn autre miracle, est d'vn jeune homme nommé Guillaume Vidot de Vallan (*b*) village prés Mery, aagé de 25. ans, il fut possedé tant du malin esprit, que de furie, faisant des choses qui tesmoignoient indubitablement son mal : il fut amené par ses amis, non sans grande difficulté, estant entré dans le Cemetiere de l'Eglise où reposent les reliques de sainct Lupien, ce malin esprit n'en pouuant supporter la vertu,

(*a*) *Rigny-la-Nonneuse*, Aube, qui doit son nom à une communauté de religieuses bénédictines transportée depuis à Sézanne (Marne).

(*b*) *Vallant-saint-Georges*, Aube, canton de Méry-sur-Seine.

fut veu sortir de la bouche beante de ce pauure forcené, en forme de feu qui s'alla jetter contre vn arbre du Cemetiere, et le mist en cendres, et ainsi par ses merites, ce pauure homme fut deliuré et reuint en santé.

XIII

Sur cette histoire, nous pouuons remarquer plusieurs choses tant pour la ville que pour le Sainct : Quant à la ville, elle est nommée en latin, *Gabalum, urbs Gabalitana*, et c'est celle que nous appellons maintenant S. Priuas (Privas), qui est vne ville ancienne sur les limites d'Auuergne, qui regarde la ville de Narbonne, aussi est-elle en la Gaule aquitanique ou Narbonnoise, desquels lieux les peuples sont appellez *Gabales*, et le territoire *Gabalitanum territorium* : Pline en son histoire naturelle, en parle. Il y a plusieurs Saincts de ce mesme nom, desquels Molan en ses additions sur Ysuard fait mention, le premier est vn S. Lupien, confesseur à Clermont, *Claromonte S. Lupiani confessoris*, et son iour solemnel est le 17. Feurier; le second est Prestre, au 13 octobre en ces mots *S. Lupentii presbyteri*; le 3. est Abbé de la ville S. Priuas (*Gabalum*) au 22. iour du mesme mois d'Octobre, en ces parolles, *S. Lupentii Gabalitani abbatis et martyris*, duquel saint Gregoire de Tours parle en son Chronique : le 4. est confesseur assigné au 6. iour de Novembre en ces mots, *In territorio Turonico B. Lupentii confessoris*. D'iceux le premier, second et quatriesme ne sont que Confesseurs, et le troisiesme est Martyr, lequel j'estime asseurément estre le nostre et que le second et troisiesme ce n'en est qu'vn : Car l'histoire cy deuant rapportée de S. Lupien, duquel nous auons des reliques, que Molan met le second sans le dire martyr, se rapporte naïuement auec l'histoire de ce troisiesme S. Lupien abbé et martyr que recite S. Gregoire de Tours, exceptez quelque nom et circonstance legere, Car celuy de S. Gregoire est qualifié Abbé-martyr, et le nostre, Prestre-martyr : pour mieux voir la verité, voicy ce qu'en escrit S. Gregoire, liure 6, chapitre 37.

XIV

S. Lupien, dit-il, abbé de l'Eglise de S. Priuas, martyr de la ville Gabalitane (qu'on nomme S. Priuas), assigné par la royne Brunehault, la vint trouuer, car on recite qu'il auoit esté accusé vers icelle, par Innocent comte (ou gouverneur) de cette ville, qui estoit son ennemy, et l'auoit deferé comme s'il eust dit quelque chose de meschant de la Royne : son affaire fut examinée, sur ce luy interrogé, et ayant esté trouué non coulpable du crime de leze majesté, la royne Brunehault le renuoya : Ainsi qu'il s'estoit mis en chemin pour s'en retourner, de rechef il fut arresté par ledit Comte Innocent et mené en vne métairie ou village nommé Ponteçon (*Ponteconem*) où il fut tourmenté de plusieurs supplices : il fut derechef mis en liberté et renuoyé en son lieu, et comme il s'en retournoit, pour la nuict suruenuë fist tendre et poser son pauillon (pavillon) proche la riuiere d'Aixne (*Axona*) pour là y heberger. Derechef son ennemy le comte Innocent y accourut, et se jetta sur luy et les siens, l'aiant opprimé de force, tué, luy trancha la teste, laquelle il mist dans vn sac de cuir aggrauanté de pierres qu'il jetta en l'eau du fleuue proche : quant au corps il le fist encore jetter dans un gouffre de la mesme riuiere, estant attaché à vne grosse pierre : peu de iours apres, Lupien apparut à des bergers, qui le tirerent de l'eau et l'inhumerent, mais comme on preparoit ce qui estoit necessaire à sa sepulture, et que le peuple ne pouuoit cognoistre qui il estoit, à cause que sa teste n'estoit pas auec son corps, voicy soudain vn aigle qui se plongea dans l'eau, et du profond du fleuue en tira vn sac de cuir, le portant sur la rive : Ceux qui estoient là presens, admirans ces choses, prirent le sac, et rechercherent soigneusement ce qui estoit dedans, ils y trouuerent la teste de ce corps decapité, et l'enseuelirent au lieu ensemble son corps. On nous a rapporté que maintenant là mesme, y paroissent des lumieres diuinement esclairantes, et si quelque pauure malade est auec foy porté à son tombeau, il s'en retourne en parfaicte santé : Voila ce qu'en escrit S. Gregoire de Tours son contemporain, les parolles duquel n'ont point de diuersité auec l'histoire escrite cy dessus, sinon en quelque mot, comme cet Innocent est nommé Emyne, et la riuiere Aisne, ditte Marne : mais ces choses sont de peu de consequence, veu que tout le reste s'accorde tres-bien.

XV

Les reliques donc de nostre Sainct, sont au village de S. Lupien à six lieuës de Troyes, sinon son chef qui est en la ville de Chaalons sur Marne, où il est honoré : et en ces lieux de la haulte Champagne, il est nommé par les habitans S. LOVVAIN, lesquels neantmoins viennent en grande deuotion et frequence de peuple visiter ses autres ossemens qui sont au lieu que nous venons de dire, signamment au jour de sa feste qui est le 13. Octobre, et au Dimanche suiuant, où les malades de quelque manie faisans leurs prieres quelques iours auec ferme foy, s'en trouuent allegez, comme cela se void ordinairement : Que si la feste de nostre S. Lupien est au 13. iour d'Octobre et celuy que recite S. Gregoire est au 22. du mesme mois, c'est possible que l'vn de ces iours est sa translation ou esleuation et l'autre son martyre : Si que son martyre est arriué le 22. iour et la translation fut faicte en ces lieux le 13. iour d'Octobre : et de ces deux Saincts assignez pour ces deux iours diuers, ie pense que ce n'en est qu'vn S. Lupien prestre premierement, par après faict Abbé, finallement martyrisé : Baronius l'assigne à l'an 587.

Nous considérons comme historiquement établi ce qui, dans cette légende, n'est pas rectifié dans la seconde partie de ce travail.

SECONDE PARTIE

COMMENTAIRES

I

On ignore absolument la patrie de *Lupentius*, qui naquit vers 540. C'est donc à tort qu'on l'a fait naître à Javols ou Javoulx, l'ancienne Gabales, l'*Anderitum* des itinéraires, aujourd'hui simple paroisse du diocèse de Mende (*a*), et que Des Guerrois le dit originaire de Saint-Privas (*b*).

Voici l'origine de cette erreur. L'humble viculus de *Mimas*, devenu depuis la ville de Mende, fut visité par saint Martial, apôtre de l'Aquitaine, qui y bâtit, en l'honneur de Marie, un oratoire sur l'emplacement de la cathédrale actuelle. Plus tard et pour le service de cette basilique, on fonda tout près, en souvenir de saint Privat (*c*), évêque de Mende et martyr, un monastère qui prit son nom et dont saint Louvent fut abbé (*d*). Ce monastère n'était donc pas à Javoulx, comme semblent

(*a*) Dans les notes érudites dont il a enrichi son édition de l'*Histoire ecclésiastique et civile de Verdun*, par N. Roussel, M. l'abbé H. Jeannin place Javoulx dans le diocèse de Châlons. C'est évidemment un *lapsus*, corrigé à demi à la fin du second volume, p. CLXXVIII.

(*b*) Le bréviaire de Troyes dit également : *In agro Privatensi.*

(*c*) On pense que saint Privat fut mis à mort, vers 260, par les soldats du chef germain Chrocus, sur son refus de sacrifier aux idoles. (M. Ch. Hanriot, professeur à la faculté de Clermont.)

(*d*) On connaît à peine aujourd'hui l'emplacement de ce monastère, détruit pendant les guerres de religion qui ensanglantèrent, au seizième siècle, les Cévennes et le Gévaudan (M. l'abbé Portal, curé de Javoulx, 27 févr. 1875.)

le dire les bréviaires de Troyes et de Châlons-sur-Marne. Celui de Mende dit expressément : « *Lupentius abbas sancti Privati, urbis Gabalitanæ*, ce qui doit s'entendre, comme le prouvent des textes nombreux, non de Gabales, mais de la cité des Gabales ou Mende, devenue ville épiscopale et capitale du Gévaudan, dont les évêques, durant de longs siècles, prirent le titre d'*episcopus Gabalitanus*, ce qu'on ne saurait traduire « évêque de Javoulx. » (Voir l'*Appendice*).

II

Les légendes (*a*) de saint Louvent, dans les différents bréviaires, calquées sur le récit de Grégoire de Tours, sont assez d'accord avec Desguerrois sur l'accusation du comte Innocent, sur le voyage de notre saint à Metz, sur son énergie en face de Brunehaut et sur la proclamation de son innocence. Mais on peut se demander de quel droit le gouverneur du Gévaudan prétendit traduire l'abbé de Saint-Privat au tribunal de la reine d'Austrasie. Le voici. Lors du partage de la monarchie franque entre les fils de Clovis Ier, Thierry, Childebert, Clodomir et Clotaire,Thierry eut, outre l'Austrasie, quelques pays de l'Aquitaine, entr'autres le Gévaudan, qu'il avait conquis du vivant de son père. Le tout revint à Sigebert, époux de Brunehaut, comme roi de Metz, à la mort de Clotaire Ier son père, maître de toute la monarchie franque.

Il existe quelque désaccord sur les circonstances du martyre. Selon les uns, Innocent ou Boson y présida ; suivant d'autres, les *bandoliers* seuls y procédèrent. Le fait de l'aigle, défendant les restes mortels du saint contre les oiseaux de proie et les bêtes féroces, tout extraordinaire qu'il est, n'a rien d'invraisemblable ; c'est pourquoi Des Guerrois (*b*) a relaté cette tradition touchante, qui sans doute avait encore cours de son temps. A part le bréviaire de Troyes, très circonspect au point de vue historique, tous les autres admettent l'incarcération de saint Louvent à

(*a*) On nomme *légende*, dans les bréviaires, cette partie de l'office d'un saint qui en raconte sommairement la vie.

(*b*) Le manuscrit de l'Arsenal, reproduit par les Bollandistes, parle de ce fait à peu près comme Des Guerrois.

Pontico, que Des Guerrois traduit par Ponteçon et qu'on croit être Ponthion (Marne), ancienne métairie royale où Pépin le Bref reçut le pape Etienne II (6 janvier 754) et où se tinrent plusieurs conciles.

Ici surgit une difficulté sérieuse. Tandis que d'accord avec Grégoire de Tours, historien contemporain, suivi par Des Guerrois, Châlons, Mende et Verdun disent, dans leurs offices, que les restes du saint furent précipités dans l'Aisne, Troyes et de nombreux auteurs qui se copient volontiers les uns les autres, prétendent que ce fut dans la Marne.

Mgr Paul Guérin dit au 22 octobre dans les *Petits Bollandistes :*

« Près de Givry, dans l'Argonne, au diocèse de Châlons-sur-Marne (*a*), saint Louvent ou Lupence, abbé de Saint-Privat de Mende, décapité par le comte de Javoulx, qui fit jeter son corps *dans la rivière d'Aisne.* »

« Selon quelques critiques, dit M. l'abbé Didier dans une *Vie de saint Louvent* à laquelle nous ferons quelques emprunts, ce saint serait revenu de Metz vers l'occident jusqu'à Verdun, où il aurait passé la Meuse, gagné l'Aisne et de là, allant vers le midi, il serait arrivé vers Ponthion sur la Saulx, à deux petites lieues de Vitry. Sorti de prison il eût remonté au nord vers Sainte-Ménehould (ad Axonam), où il fut jeté.

« Nous repoussons, continue-t-il, cette interprétation comme tout-à-fait illogique...

« Les Bollandistes, dont les témoignages sont sérieux, citent des extraits d'un bréviaire manuscrit de Châlons et d'un autre manuscrit de la bibliothèque de l'Arsenal (T. L. 123e) ; ils disent qu'on jeta le corps *in flumen Matronæ*, dans la rivière de Marne, à quoi, dans leur doute, ils ajoutent : *Forte legendum Axonæ, prout occurrit in Spruneri tabula 23.* Cette réflexion des Bollandistes donnerait à penser qu'il put y avoir des fautes de copie ou de traduction à propos des mots *Matrona* et *Axona*, ce qui expliquerait ces divergences. » (*a*). — Voir l'*Appendice.*

(*a*) Canton de Dommartin-sur-Yèvre, Marne, non loin d'Attigny, où existait aussi une habitation royale.

(*b*) Le sentiment formel des Bollandistes, au contraire, est qu'on jeta le corps « *in flumen Axonæ.* » Seulement, dans le bréviaire manuscrit de Châlons qu'ils citent, il y a *: in flumen Mateone projicerunt.* C'est sur

Ne pouvant jeter Grégoire de Tours par-dessus bord, on tente de lui faire dire ce qu'il n'a pas dit.

Des copistes, non pas un seul, ont écrit *Axona* pour *Matrona* ; puis les traducteurs sont venus à la rescousse et le texte primitif, ainsi altéré par les uns, respecté par les autres, est devenu un thème à controverses.

Non, le texte n'a pas été altéré ; Grégoire de Tours a désigné l'Aisne, et il faut accepter son témoignage comme le font trois des bréviaires.

Pourquoi donc a-t-on supposé cette altération d'un texte précis ? Parce qu'il *semblait invraisemblable* que saint Louvent, quittant Ponthion, se fût rapproché de sa persécutrice au lieu de retourner au plus tôt vers son monastère, et que ses reliques ayant été transportées à Châlons à une époque reculée, il semblait plus *naturel*, plus *acceptable*, que les restes vénérés du saint athlète eussent été précipités dans la Marne.

Est-ce que Dieu, qui réconforta Louvent dans son cachot en l'assurant du martyre, ne pouvait pas marquer d'avance le lieu du sacrifice ? Louvent ne cherchait-il point à dépister ses persécuteurs et leurs affidés ? N'allait-il point à Attigny-sur-Aisne, autre maison royale, demander justice à Brunehaut d'une séquestration inique qu'il pouvait croire ignorée d'elle ? Ne fut-ce point dans la crainte d'une disgrâce que Boson le fit poursuivre et périr ? Dieu seul le sait, et rien ne sert de torturer les textes pour justifier la soi-disant *invraisemblance* de cette marche inexpliquée vers le nord.

Des Guerrois nous a dit le châtiment des coupables, Innocent et Boson. Quelques auteurs ont tenté d'absoudre Brunehaut du martyre de saint Louvent. L'élévation d'Innocent sur le siège épiscopal de Rodez par le crédit de Brunehaut peu après le crime prouverait au contraire la complicité de la reine. Aussi les évêques, assurés de la culpabilité d'Innocent, protestèrent-ils contre cette promotion scandaleuse, et ce fut alors qu'effrayé par la mort affreuse de Boson son complice, et redoutant de Dieu un châtiment analogue, il prit le parti d'aller à Rome implorer un pardon qu'il pensait, tant son crime était abominable, ne pouvoir obtenir que du souverain Pontife lui-même.

ce texte qu'ils notent qu'il doit y avoir erreur et qu'au lieu de *Mateone* il faut peut-être lire *Axone*. — C'est ce mot *Mateone* qu'on aura traduit par Marne (*Matrona*).

III

Des Guerrois nous a dit qu'un saint prêtre, nommé Hermance, inspiré de Dieu, exhuma les restes du martyr et les transporta dans son église. On a dit aussi, sur la foi d'une simple tradition, que cette église était celle de Perthes, ville alors importante du Perthois, province qui lui doit son nom (*a*). Cette cité renommée aurait eu pour comte ou gouverneur, deux siècles auparavant, Sigmar, l'illustre père d'une famille de vierges, dont Ménehould et Hoïlde sont les plus connues dans nos contrées (*b*).

L'histoire des reliques de saint Louvent ayant, pour notre conclusion, une importance considérable, nous l'appuierons surtout de pièces authentiques, dont la plupart nous ont été obligeamment fournies par M. l'abbé Barré, chanoine titulaire de Châlons.

On lit dans la légende du bréviaire actuel de ce diocèse : « *Sacrum Lupentii corpus e pago Pertensi Catalaunum translatum est.* » « Le *corps sacré* de Louvent fut transféré du village de Perthes à Châlons. » Cette translation doit remonter à une époque très reculée.

(*a*) L'ancienne cité de Perthes, qu'Attila pilla et livra aux flammes, est actuellement un village de 800 habitants, du canton de Saint-Dizier (Haute-Marne).

Perthes et Perthois viennent du mot *pertus, perthus*, broussailles qui couvraient autrefois cette contrée. Les verriers de la vallée de la Biesme, qui longe le flanc occidental des monts de l'Argonne entre la Meuse et la Marne, appellent encore *perthus* les fagots de menu bois qu'ils emploient pour chauffer leurs fours.

(*b*) Sur le territoire actuel de Bussy-la-Côte, près de Bar-le-Duc, Henri II, comte de Bar, et Philippe ou Philippine de Dreux, dame de Torcy, son épouse, fondèrent vers 1229 un monastère de filles sous l'invocation de sainte Hoïde ou sainte Houd, *Ohuildis*. C'est actuellement une simple ferme.

Gondrecourt a encore sa rue Sainte-Houd, par corruption *Saintout*. Cette sainte était peut-être contemporaine de sainte Salaberge, fille de Godon ou Godin, qui passe pour être le fondateur de cette petite ville de l'ancien Barrois.

Voici la copie du procès-verbal de translation du corps de saint Louvent *dans une nouvelle châsse* en 1413 :

« In nomine Domini. Amen.

« Noverint universi quod anno ejusdem Domini millesimo quadragentesimo decimo tertio, indictione sexta, die festi sancte Pentecostes, undecima die mensis junii, Pontificatus sanctissimi in Christo Patris et Domini nostri, Domini Johannis (*a*) divina providentia pape xxiij, anno iiij[to] (quarto) presidente huic ecclesie Cathalaunensi Reverendo in Christo Patre et Domino Domino Karolo de Pictavia (*b*), fuit repositum et translatum *in hoc vase* et sumptum ex alio *vase* propter *capse et vasi presentis* novam formam, *corpus* gloriosissimi martiris Beati Lupentii ; presentibus venerabilibus dominis Johanne de Granonvia de Jouville, Hugone de Chalencondo... Dutaeuzo archidiacono, Johanne de Vissaco, decano, Michaele Saxonie, et Antonio Johanne.., Guaxmoix, Johanne de Sidmonville, Bartholomeo.., et pluribus aliis ejusdem ecclesie... et maxima populi multitudine.

Signé : M.., Joparly, notaris Capituli (*c*). »

Traduction

« Au nom du Seigneur. Ainsi soit-il.

« Que tous sachent qu'en l'année du même Seigneur mil quatre cent-treize, indiction sixième, en la fête de la sainte Pentecôte, le onzième jour du mois de juin, la quatrième année du Pontificat de notre saint Père et Seigneur dans le Christ Jean XXIII, pape par la divine Providence, — notre Révérend Père dans le Christ Monseigneur Charles de Poitiers étant à la tête de cette église de Châlons, le *corps* du très glorieux martyr saint Louvent a été retiré de son ancien reliquaire, puis transféré et déposé dans cette nouvelle châsse, en présence des vénérables messires Jean de *Granonvia de Jouville*, Hugues de *Chalencondo... Dutaeuze* archidiacre, Jean de *Vissaco* doyen, Michel de Saxe

(*a*) Jean XXIII de Naples, élu pape en 1410.

(*b*) Charles de Poitiers, 75e évêque de Châlons, transféré au siège épiscopal de Langres en 1413.

C'est donc à tort que, dans ses notes manuscrites, Beschefer, chanoine de Châlons, dit que cette translation fut faite par le cardinal Louis de Bar, évêque de Châlons, en cette même année 1413.

(*c*) *Arch. du départ. de la Marne, armoire I*[re], *liasse* 53.

et Antoine Jean... *Guaxmoix*, Jean de *Sidmonville*, Barthélemy..., de plusieurs autres dignitaires de la même église et d'une grande affluence de peuple.

« Signé : Messire (?) Joparly, notaire du Chapitre. »

La procession solennelle des reliques, qui se fait à Châlons, aurait pour origine, suivant les Bollandistes, cette translation dans une autre châsse du *corps* de saint Louvent, le jour même de la Pentecôte 1413.

Voici comment ils s'expriment à ce sujet :

« Conjicere licet solemnem supplicationem singulis annis feriâ secundâ Pentecostes recurrentem in cathedrali Cathalaunensi, quâ omnes sanctorum reliquiæ per urbem deferuntur, originem habere ex translatione *corporis* (a) S. Lupentii in aliam thecam factam anno 1413, ipsa sanctæ Pentecostes die. »

Ce qui signifie :

« Il est permis de conjecturer que les prières solennelles qui reviennent chaque année le lundi de la Pentecôte dans la cathédrale de Châlons, et pendant lesquelles on porte en procession par les rues de la ville toutes les reliques des saints, ont pour origine la translation du corps de saint Louvent dans une châsse nouvelle, translation faite en 1413 le jour même de la sainte Pentecôte. »

De documents authentiques il résulte que la procession des châsses de Châlons, du lundi et du mardi de la Pentecôte, avait lieu *pour obtenir la délivrance du pays*, longtemps avant 1413, et remonterait au moins au douzième siècle (b). Un *ordo* de l'église de Châlons, du treizième siècle, décrit l'ordre que doit suivre la procession et dit que la châsse de saint Louvent suit immédiatement celle des saints Apôtres, qui vient la première. On ignore à quelle occasion cette solennité fut instituée.

(a) Et non *capitis* (de la tête), comme le dit M. l'abbé Didier.

(b) *La Procession des châsses à Châlons*, par M. l'abbé Lucot, archiprêtre de Châlons, 1881, p. 32.

Dans un ancien *Ordinaire* de la cathédrale de Châlons, antérieur au treizième siècle, il est dit que « les reliques de saint Alpin et de saint Louvent étaient portées par les chanoines de la Cathédrale quand ceux-ci allaient au-devant de (celles de) saint Lumier apportées de (l'abbaye de) Toussaints par les chanoines de cette abbaye. »

Voici l'antienne qui se chantait à la procession, en l'honneur de saint Louvent (a).

Hic est vir qui non est derelictus à Domino in die certaminis, et ipse conculcavit caput serpentis antiqui ; modo coronatus est, quia fideliter *vixit* in mandatis Domino.

Ce saint n'a point été abandonné par Dieu au jour du combat ; il a foulé aux pieds l'antique serpent ; il est maintenant couronné pour avoir fidèlement observé les commandements du Seigneur.

Oraison

Propitiare, quæsumus, Domine, nobis famulis tuis per sancti martyris tui Lupentii merita gloriosa, ut ejus pia intercessione ab omnibus semper muniamur adversis.

Ayez pitié de nous, Seigneur, qui sommes vos serviteurs ; nous vous en prions par les glorieux mérites de votre saint martyr Louvent ; par sa charitable intercession, protégez-nous toujours contre toutes sortes d'adversités.

(Tirée du Bréviaire de Châlons de 1570.)

Le chef du saint accompagnait-il son corps ? (b) Une tradition recueillie dans le bréviaire de Verdun veut que ce chef soit ou ait été déposé dans l'église de Rembercourt-aux-Pots (*Remberti curtis, Rambercurti curia ad Ollas, ad Potos)*, limite extrême vers l'occident de l'ancien diocèse de Toul, aujourd'hui du diocèse de Verdun. Cette église a-t-elle jamais possédé cette relique insigne ? Aucun document ne permet de l'affirmer.

Dès 1410, il avait été fait un inventaire authentique et détaillé des meubles et joyaux de la cathédrale de Châlons, mais non des châsses et reliquaires importants. Cet inventaire, qui fut annoté en 1413, contient ce qui suit :

« 45. Item, scrinium ligneum ad modum capse, de pictum de ru-

(a) Antienne de *Magnificat* aux IIes Vêpres d'un saint Martyr, *in festo duplici*. Bréviaire de Châlons, 1495. — Le bréviaire de Châlons de 1570 dit *vicit* au lieu de *vixit*. — Même opuscule, p. 99.

(b) Des Guerrois est pour l'affirmative et son opinion a du poids, parce que, pour écrire la *Sainctetė chrestienne*, il était en relation suivie avec les chanoines de Châlons.

beo in quo sunt due ampule argentee ad reponendum oleum sanctum et crisma. »

Ajouté en 1413 : « Dicte due ampule fuerunt de mandato capituli capte pro complemento feretri sancti Lupencii, et ponderabant V oncias et sex trezellos. Sunt in eodem duo funiculi argentei et de serico. »

« 45. Item, un écrin de bois en forme de châsse, peint en rouge, dans lequel sont deux ampoules d'argent pour recevoir l'huile sainte et le chrême. »

« *1413*. Ces deux susdites ampoules, pesant cinq onces et six gros, ont été prises par ordre du chapitre pour compléter la châsse (fierte) de saint Louvent. Il y a aussi (à l'écrin) deux cordons argent et soie. »

Même inventaire :

« 70. Item parvum scrinium argenteum, in quo sunt tres rotuli apti ad ponendum Chrisma, oleum sanctum et oleum ad infirmos, repositum in quodam forello de corio et totum modici ponderis. »

Ajouté en 1413 :

« Istud scrinium captum fuit pro feretro sancti Lupencii. »

« 70. Item, un petit écrin d'argent dans lequel sont trois petits vaisseaux ronds, destinés à recevoir le chrême, l'huile sainte et l'huile des infirmes ; cet écrin est renfermé dans un fourreau de cuir, le tout d'un faible poids. »

« *1413*. On a pris cet écrin pour servir à la châsse de saint Louvent. »

« 112. Quatuor pommelli argentei esmailliati, et unus pommellus argenteus minor. »

« *Nota hic* : Isti pommelli et de alio argento fracto capti sunt pro complemento feretri sancti Lupencii, et ponderabat totum quod hic fuit captum X uncias cum dimidia. »

« 112. Quatre pommeaux (boutons de mors de chape) en argent émaillé et un autre plus petit en argent. »

Nota : Ces pommeaux ont été pris, avec d'autres fragments d'argent, pour compléter la châsse de saint Louvent. Le tout pesait dix onces et demie. »

« 239. Due alie cappe albe....., in quarum una est unus tassellus argenti nigellatus ad unam charneriam, et in alia unus tassellus ad duas ymagines elevatas deauratas. »

« *Nota hic :* Iste tassellus argenteus captus fuit pro feretro sancti Lupencii. »

« 239. Deux autres chapes blanches, la première ayant un tasseau (agrafe) en argent niellé avec une charnière, et la seconde un tasseau à deux images en relief dorées. »

« *Nota* : Ce tasseau d'argent a été pris pour la châsse de saint Louvent. »

(*Mémoires de la Société d'Agriculture, Commerce, Sciences et Arts du département de la Marne*, 1866-1867, p. 289, 292, 295 et 307.)

Il résulte de ces textes que la châsse de saint Louvent fut faite après l'*Inventaire de la Cathédrale* dont ils sont extraits, et que les objets qu'ils relatent ont été employés à la confection de cette châsse.

Dans un catalogue des reliques de la cathédrale de Châlons, de la fin du quinzième siècle, écrit sur les feuilles de garde de la fin d'un *ordo* de cette cathédrale, on lit après la châsse de saint Alpin : Item *corpus* beati Lupentii martiris, etiam in alio sequenti feretro reconditum. » (*Le corps de saint Louvent, martyr, également renfermé dans une autre châsse voisine de celle de saint Alpin*). Nous savons qu'à cette époque le mot *corpus* ne signifiait pas toujours le corps entier, mais une notable partie du corps. Cependant nous sommes fondé à croire qu'il s'agit ici véritablement du corps.

Dans une description des châsses de l'église Saint-Etienne de Châlons, faite au commencement du dix-septième siècle et qui se trouve à la Bibliothèque nationale, dans la *Collection de Champagne*, on lit aussi : « A costé dextre dudit aultel (le maître-autel de Saint-Etienne) est aussi la capse de saint Louvent, martyr, de bel ouvrage, en lentour de laquelle se lit ainsy : *Anno Domini 1540, hoc feretrum beati Lupentii martyris fuit extructum de pecuniis Ecclesie Cathalaunensis legatis per R*[um] *patrem D. Ægidium de* Luxembourg, *episcopum Cathalaunensem.* Faict à Reims par G. Du Mont. » Ce qui veut dire : L'an du Seigneur 1540, cette châsse de saint Louvent martyr fut construite avec l'argent légué à l'église de Châlons, par le R. P. en Jésus-Christ Gilles de Luxembourg, évêque de Châlons (*a*).

En 1535, dit en effet le nécrologe de Châlons, Gilles de Luxembourg,

(*a*) *La Procession des Châsses à Châlons*, par M. l'abbé Lucot.

évêque de cette ville, légua sept cents écus d'or pour la réparation de la châsse de saint Louvent *(a)*.

Aux archives du département de la Marne, *armoire 1re, liasse 53*, se trouve sous le nº 10, la pièce suivante, analogue à celle de 1410 :

« Du 10 janvier 1570.

« Inventaire des reliques, joyaulx et ornemens de l'Esglise Sainct-Estienne de Chaalons, faict par vénérables et discrettes personnes messires et maistres Jehan Clément, archidiacre de Virtu *(b)*, et François Noël, prebtre, chanoine de la dite Esglise, de l'ordonnance de messires les vénérables doyen et chanoines du Chapitre de la ditte Esglise, du mois de janvier mil cinq cens septente, comme il s'ensuit : etc. »

Au verso de la première feuille on lit :

« Ung petit Reliquaire d'*une coste* de saint Loupent (*sic*) dans ung crystal de chapse d'argent garny de pierres au milieu, en haut et au pied. »

Cette pièce se termine ainsi :

« Le présent inventaire a esté rapporté au Chapitre par vénérables et discrettes personnes messires et maistres Jehan Clément, archidiacre de Virtu, et François Noël, chanoine de la ditte Esglise, le dix-neuvième jour de febvrier mil cinq cens soixante et dix. »

« Signé Clément, Noël, Gallois, notaire. »

Dans la même liasse des archives, sous le nº 53, se trouve un autre inventaire dressé dans le même but que le précédent et sous ce titre :

« Inventaire des meubles, ornements et joyaulx, tant de la paroisse que du Chapitre de l'Esglise Sainct-Estienne de Chaalons, faict par messire et maistre Charles François, soubz chantre et maistre de fabrique, et Jehan Dieu, prebtre et chanoine de ladite Esglise, commis et desputez du Chapitre, etc. — Du vingt-sixième juin 1641.

« Signé F. Estache, Clément, Dieu et Delahaulte.

Puis encore un inventaire analogue, dressé le 26 juin 1653.

Nous ne transcrivons pas la série des articles qui composent ces

(a) *Gallia christiana*, t. X, col. 896, etc.

(b) *Vertus*, ancien archidiaconé du diocèse de Châlons-sur-Marne.

inventaires *(a)*. Il nous suffira de faire remarquer que dans aucun il n'est question de la châsse de saint Louvent *(b)*.

Le samedi 18 janvier 1668, à six heures un quart du soir, sous l'épiscopat de Mgr Vialart de Herse, le feu du ciel alluma dans la cathédrale de Châlons un vaste incendie qui dura jusqu'au lendemain à sept heures du matin. La belle flèche, construite par les soins et aux frais de Gilles de Luxembourg, s'écroula tout embrasée, les cloches fondirent, la voûte du sanctuaire s'affaissa, tous les combles de la basilique furent réduits en cendres, le maître-autel, les stalles, plusieurs châsses furent détruits ainsi que les belles orgues. Le chanoine Pierre de Bar sauva les vases sacrés au péril de sa vie; deux Récollets et d'autres personnes périrent victimes de leur dévouement, et l'incendie ruina également l'église de la Trinité, située à proximité de la tour nord de la Cathédrale.

Parmi les châsses détruites ou très fortement endommagées par le feu, était la fierte de 1413, embellie par Gilles de Luxembourg et dont nous avons parlé. Elle est encore mentionnée par Rapine dans ses Annales du diocèse en 1636 et dans le bréviaire de 1665. A dater de 1665, les bréviaires de Châlons sont muets à son égard.

D'un rapport officiel fait par M. Louis-François Lefèvre de Caumartin, conseiller du Roi, et déposé aux archives de la cathédrale, sur les dommages causés à cet édifice par l'incendie de 1668, il résulte qu'un petit nombre de reliques furent sauvées, entre autres une partie de celles de saint Louvent.

Nous verrons, par ce qui suit, que cette partie des reliques devait être encore assez considérable.

Mgr Claude-Antoine de Choiseul-Beaupré, qui occupa le siège épisco-

(a) Dans celui du 26 juin 1653 on lit : Ung *melchisedech* dans lequel se met le Saint-Sacrement quand on le porte aux processions. Le mot *melchisedech* s'emploie quelquefois pour *ciboire*, mais très rarement pour *ostensoir*.

(b) La raison pour laquelle les inventaires ne parlent pas de cette châsse, c'est que, comme on le voit par le rapport de M. de Caumartin, conseiller du Roi, cité plus bas, la châsse de saint Louvent était placée sur une tribune au-dessus du maître-autel. Or, j'ai remarqué que les châsses ainsi placées ne sont presque jamais inventoriées.

(*Note de M. l'abbé* NIORÉ, *secrétaire de l'évêché de Troyes*.)

pal de Châlons de 1732 à 1764, avait pour frère, ou tout au moins pour proche parent, Mgr Gabriel-Florent de Choiseul-Beaupré, alors évêque de Mende. Celui-ci sollicita et obtint de l'évêque de Châlons, en 1737, quelques reliques de saint Louvent, qui furent placées et vénérées près de celles de saint Privat, son modèle et son précurseur dans la foi et dans le martyre.

Voici une copie de l'acte concernant cette munificence.

« Donation par Mgr Claude-Antoine de Choiseul-Beaupré et par le Chapitre à la cathédrale de Mende, en Gévaudan, d'une partie des reliques de saint *Lupentii.*

« Claudius-Antonius de Choiseul-Beaupré, episcopus comes Cathalaunensis, Par Franciæ, universis quorum interest aut interesse poterit, notum facimus quod anno Domini millesimo septingentesimo trigesimo septimo, die vero augusti secundâ, post vesperas in Pontificalibus a nobis celebratas, presentibus et requirentibus venerabilibus fratribus nostris decano, canonicis et Capitule insignis Ecclesiæ nostræ Cathalaunensis, capsam hanc reliquiarum sancti Lupentii martiris quæ in dicta Ecclesia *ab omni retro memoria* asservantur aperuimus, et ex sacris Reliquiis in ea repertis *maxillam inferiorem* cum uno dente molari et duas ossium tibialium insignes particulas extraximus, et extractas statim in capsula linea funiculo rubri coloris ligata, ac nostro et præfati Capituli ecclesiæ nostræ sigillo munita deposuimus, easque sic depositas nos et dicti venerabiles fratres nostri decanus, canonici et Capitulum Ecclesiæ nostræ Cathalaunensis donavimus ac libentissime concessimus, postulanti a Nobîs nobili viro Domino Antonio Cleriado de Choiseul-Beaupré, Regi a consiliis et eleemosinis, Abbatiæ sancti Memmii prope Cathalaunum Abbati commendatario, Ecclesiæ Mimatensis archiadonico et canonico,..... ad episcopum Mimatensem deferendas, etc.

Traduction

Claude-Antoine de Choiseul-Beaupré, évêque comte de Châlons, pair de France, faisons savoir à tous ceux à qui il appartient et pourra appartenir, que l'an du Seigneur mil sept cent trente-sept, ce deuxième jour du mois d'août, après les vêpres par Nous célébrées pontificalement, en présence et à la requête de nos vénérables frères les doyen, chanoines et Chapitre de notre insigne Eglise de Châlons, Nous avons ouvert cette châsse contenant les reliques de saint Louvent, martyr, qui sont conservées dans ladite Eglise de temps immémorial ; et que des saintes reliques que Nous y avons trouvées, Nous avons extrait le maxillaire inférieur, avec une dent molaire, et deux fragments importants des tibias, lesquels Nous avons aussitôt placés dans un sachet de lin fermé par un cordon rouge et muni de notre sceau et du sceau dudit Chapitre de notre Eglise ; et ces reliques étant ainsi disposées, Nous et nos vénérables frères, les doyen, chanoines et Chapitre de notre Eglise de Châlons, les avons très volontiers données et concédées, sur sa demande, à Noble homme Messire Antoine-Clériadus de Choiseul-Beaupré, conseiller et aumônier du Roi, abbé commandataire de l'abbaye de Saint-Memmie-lès-Châlons, archidiacre et chanoine de l'église de Mende (*a*)......, pour être remises entre les mains de l'évêque de Mende, etc. »

Ces reliques furent solennellement déposées en 1738 dans la cathédrale de Mende, et depuis lors on célèbre dans ce diocèse, sous le rit semi-double, la fête de saint Louvent, et un office spécial fut ajouté au propre du bréviaire du diocèse, à la date du 22 octobre.

« Dans ces derniers temps, nous écrit M. l'abbé Bosse, chanoine titulaire de Mende, secrétaire général de la Société d'Agriculture, Sciences et Arts de la Lozère, une petite communauté de religieuses s'étant établie à Javols, on en a mis la chapelle sous le vocable de saint Louvent. A cette occasion, j'ai été chargé de procurer à cette maison une parcelle de la relique obtenue en 1737 par Mgr de Choiseul ; j'ai eu beau parcourir nos reliquaires, je n'ai pu la retrouver. Elle aura disparu, comme tant d'autres, lors de la Révolution. »

Il résulte de l'acte de donation transcrit plus haut que la portion des reliques de saint Louvent, épargnée par l'incendie de 1668, était assez importante encore pour que le chapitre consentît à en distraire un lot

(*a*) Ce personnage éminent, qui servit d'intermédiaire entre les denx prélats, et dont l'un des prénoms était bien *Clériadus*, était frère de l'évêque de Châlons. Il devint plus tard grand-aumônier de Lorraine, cardinal, archevêque de Besançon, prince du Saint-Empire, et primat de l'église primatiale de Lorraine. Il donna lui-même l'extrême-onction à la reine Catherine Opalinska, épouse de Stanislas-le-Bienfaisant, le 19 mars 1747, et assista, le 3 mars 1766, à la levée du corps de ce prince décédé huit jours auparavant. Stanislas avait, on le sait, échangé la couronne de Pologne contre celle de duc de Lorraine et de Bar lors du traité de Vienne en 1738.

relativement considérable. Et du fait que le maxillaire inférieur était alors à Châlons, il nous paraît résulter que la tête tout entière, séparée du corps par décollation, y existait également.

Les reliques de saint Louvent que possédait encore la cathédrale de Châlons faillirent disparaître entièrement à l'époque révolutionnaire (*a*). En novembre 1793, lors du pillage sacrilège des églises, les reliques de la cathédrale furent apportées dans une des salles de l'Hôtel-Dieu pour être ensuite incinérées dans la cour de cet établissement. Une religieuse hospitalière, Marie Arentz, présente à cette profanation criminelle, parvint à soustraire de chaque châsse, dit-elle depuis dans un rapport, une faible partie des reliques qu'elle contenait. De celle de saint Louvent, elle ne put détourner qu'un fragment d'ossement attaqué par le feu en 1668, qu'elle conserva précieusement durant plusieurs années, et dont elle fit ensuite la remise, ainsi que le constate la pièce suivante :

« L'an de grâce mil huit cent-cinq, le dix-neuf mars, nous, Augustin-Joseph Becquey, prêtre, ancien chanoine de l'église cathédrale de Châlons, et actuellement chanoine honoraire de l'église cathédrale de Meaux et membre du conseil de Mgr Louis-Mathias de Barral, évêque de Meaux, délégué et autorisé spécialement par M. Dubois de Crancé, vicaire général, *pro foro interno*, chanoine-archiprêtre de Meaux, avons procédé à l'examen et vérification d'une relique en la possession de l'église paroissiale de Saint-Etienne de la ville de Châlons, autrefois église cathédrale, en présence et à la demande de M. Joseph-Alexandre-Benjamin Hurault, prêtre-curé de ladite paroisse de Saint-Etienne, de MM. Louis-Charles Valois et Jean-Baptiste Warenflot, tous deux vicaires de ladite paroisse, et de MM. Jean-Baptiste Bulard, prêtre demeurant dans ladite paroisse, et Antoine Meunier, chef de bureau à la préfecture, domicilié dans cette ville, en la forme et ainsi qu'il suit :

« Après avoir invoqué les lumières de l'Esprit-Saint, il nous a été présenté par M. Hurault, curé de ladite paroisse de Saint-Etienne, un paquet contenant *un fragment d'ossement brûlé*, que Marie Arentz, dame

(*a*) Dans un état des ornements et vases sacrés de l'église Saint-Etienne de Châlons, dressé en 1792 par les commissaires révolutionnaires, on lit : « Sous le maître-autel (de la cathédrale), est la châsse de saint Louvent, en bois garni de cuivre. » (*Arch. de la Marne*, série L, liasse 390.)

hospitalière de l'Hôtel-Dieu de cette ville, présente à l'ouverture dudit paquet, nous atteste avoir extrait de la châsse de saint Louvent, martyr, dont *tous les ossements* avaient été transférés de l'église Saint-Etienne dans une des salles de l'Hôtel-Dieu, lors de la dévastation des églises en novembre 1793, et que jusqu'alors elle a conservés avec le plus grand respect. Nous avons placé ledit ossement dans un petit morceau de soie verte, nous y avons apposé le sceau en cire rouge de Mgr l'évêque de Meaux, afin qu'il pût être placé dans un reliquaire et exposé comme par le passé à la vénération des fidèles.

Plus bas on lit :

« L'an de grâce mil huit cent quarante-cinq, le quatorze avril, nous, Marie-Joseph-François-Victor Monyer de Prilly, évêque de Châlons-sur-Marne, avons visité les reliques de saint Louvent, martyr, et les avons reconnues telles qu'elles sont décrites dans le procès-verbal ci-dessus, et y avons apposé notre sceau, ainsi que sur le coffret qui les renferme.

« A Châlons-sur-Marne, le 14 avril 1845.

Signé : † M.-J.-F.-V., évêque de Châlons. »

Voici enfin l'extrait du procès-verbal du placement des reliques de saint Quentin et de saint Louvent, le 1er juin 1805, par Augustin-Joseph Becquey, alors membre du conseil de Mgr Pierre-Paul de Faudoas, successeur de Mgr de Barral sur le siège épiscopal de Meaux.

« .... 3° Nous avons déposé dans une boëte en chêne de la forme d'un tombeau, longue de sept pouces et demi (environ vingt centimètres), haute et large de cinq pouces (environ quatorze centimètres), les reliques de *saint Quentin* et de *saint Louvent*, martyr et *patron* du diocèse de Châlons, avec les deux procès-verbaux qui en constatent l'authenticité. »

Ce qui reste à Châlons de ces deux saints martyrs est renfermé dans ce petit *loculus*, placé sous le maître-autel, savoir : un os de la tête de saint Quentin et un fragment d'os brûlé de saint Louvent.

Après avoir, au moyen de pièces authentiques, fait l'histoire des reliques de saint Louvent de Châlons, nous allons revenir en arrière pour en signaler d'autres, tout aussi authentiques, tout aussi considérables, qu'une antique tradition lui attribue, et en vue desquelles le pieux chanoine Des Guerrois a écrit la légende qu'on a lue dans la première partie de ce travail.

Vers 882, alors que les Normands désolaient nos contrées, les reliques de saint Louvent, du lieu où elles étaient déposées, furent amenées dans le diocèse de Troyes, au petit village de Somme-Fontaine, *Summus Fons*, alors entouré de forêts profondes. Que sont devenues ces forêts ? L'arrondissement de Nogent-sur-Seine, duquel dépend Somme-Fontaine, est actuellement l'un de ceux qui, en France, comptent le moins de forêts naturelles. Ce qui cependant autoriserait cette assertion, c'est la quantité considérable de monuments druidiques (?) menhirs, dolmens, polissoirs, etc., qui existaient et qui existent encore dans cette partie de l'ancienne Champagne. On sait que les druides, pour exercer leur culte sanguinaire et y ériger leurs autels et leurs tombeaux, se retiraient volontiers au fond de forêts impénétrables. Les Normands remontèrent la Seine jusqu'à Troyes, et le fameux Hastings, l'un de leurs chefs qui, comme Rollon, se convertit plus tard au catholicisme, était, suivant quelques historiens, originaire de Trancault, localité peu éloignée de Somme-Fontaine. Les saintes reliques n'étaient donc guère en sûreté, mais Dieu veillait sur elles, et pendant plus de neuf siècles, elles reposèrent paisiblement dans ce modeste village, plus connu dans la contrée sous le nom de son patron *sanctus Lupentius*, qu'on traduit ici par *Saint-Lupien.*

D'après une tradition dix fois séculaire, Somme-Fontaine aurait été choisi par la divine Providence pour recevoir les reliques de saint *Lupentius*, Louvent ou Lupien. Les animaux qui traînaient la tombe de pierre qui les contenait, refusèrent d'aller plus loin quand ils furent arrivés dans ce village, où tôt après, comme nous le dirons ensuite, on bâtit une église destinée à abriter les restes précieux du saint martyr (*a*).

(*a*) Quand on voit les reliques de SS. Memmie, Donatien, Domitien, Alpin, Elaphe, Lumier, et celles de sainte Pome, conservées à Châlons malgré les incursions normandes, il est bien difficile d'admettre qu'à cette époque, celles de saint Louvent aient pris, *en grande partie*, le chemin de Somme-Fontaine. Nous disons *en partie*, puisque la fierte de saint Louvent figurait en un rang honorable à la *Procession des châsses* de Châlons, comme nous l'avons dit plus haut. « Par un sentiment de respect pour les corps des saints, l'Église ne consentit que tardivement à leur division. C'est ainsi que nous voyons Hincmar, archevêque de Reims, refuser quelques

Lorsqu'on voulut ériger ce premier sanctuaire, continue la même tradition, quelques-uns désiraient le placer à une faible distance du lieu où était déposé le saint tombeau. En vain les maçons travaillèrent, les murs s'écroulaient à mesure et l'ouvrage n'avançait pas. Impatienté, dans un mouvement d'humeur, l'un des ouvriers lança au hasard son marteau, qui alla tomber sur le sarcophage, et chacun reconnut à ce signe la suprême volonté de Dieu.

Nous rapportons cette pieuse tradition pour ne rien omettre de ce qui concerne notre saint. Pour qu'elle fût au moins vraisemblable, il faudrait admettre, ou que le tombeau était resté jusque-là sans abri, ou que l'on construisit l'église aussitôt son arrivée. Ces deux suppositions sont également inadmissibles.

« On voit encore, dans l'église de Somme-Fontaine qui a remplacé le sanctuaire primitif, le sarcophage où fut déposé d'abord, puis transporté le corps de saint Lupien, et où il resta vraisemblablement jusqu'à l'année 1469. (*a*) »

« Ce sarcophage, en pierre et d'un grain très dur, appartient, dit M. l'abbé Coffinet (*b*), chanoine de Troyes, à l'époque gallo-romaine. L'ensemble de son extérieur présente une forte masse, une grande pesanteur et une certaine majesté. Il est absolument semblable au tombeau de sainte Geneviève, exposé dans l'église de Saint-Etienne-du-

reliques de saint Remy au roi Louis de Germanie qui lui en avait fait la demande lors de la translation du saint apôtre des Francs, le 1er octobre 852. « Ce serait à moi, dit Hincmar, une grande témérité de diviser un corps que Dieu a conservé entier pendant tant d'années. » V. FLEURY, *Hist. ecclésiast.*, tome X, p. 511 (*M. l'abbé* LUCOT, opuscule cité, p. 26).

« On a redouté pendant longtemps, comme une profanation, de diviser la dépouille mortelle d'un saint, et tel était l'empire de cette appréhension, que les chroniqueurs attribuèrent les malheurs de la dynastie mérovingienne à la témérité de Clovis II, qui, *par l'inspiration du diable*, avait osé couper un des bras de saint Denis. » (*Gesta Francorum*, 44. — *Gesta Dagoberti*, 52.)

(*a*) M. l'abbé COURILLON, curé de Somme-Fontaine. — En 1319, en l'église de Saint-Etienne de Troyes, il y avait des reliques de *beato Lupantio martyre*, placées dans un vase de cristal en forme de poisson dont la tête était d'argent doré. (LALORE, *Invent. des princip. églises de Troyes*, p. 25, n° 206.) C'est, à notre connaissance, la date la plus reculée où il soit question des reliques de Somme-Fontaine dans des textes écrits.

(*b*) *Saint Lupien..... et Tombeau de ce Martyr* ; Troyes, Dufour-Bouquot, 1874.

Mont, à Paris, et à celui de sainte Maure, actuellement placé au milieu du chœur de l'église qui porte le vocable de cette sainte, au diocèse de Troyes. »

Il affecte la forme d'un parallélogramme régulier, égal en hauteur et en largeur à la tête comme au pied. — Le couvercle semi-cylindrique porte, dans la partie la plus élevée et dans toute sa longueur, une arête arrondie. Il existe deux petites ouvertures de six centimètres de côté environ, pratiquées, on le suppose, pour laisser apercevoir autrefois les reliques du saint.

La longueur de ce tombeau est de 2 m. 12, sa largeur de 0 m. 68, et sa hauteur totale, y compris le couvercle bombé, de 0 m. 95 ; l'épaisseur des parois est de 10 cent. Il repose sur quatre piliers quadrangulaires en pierre, dont la hauteur est de 0 m. 68.

« A la tête du couvercle, on remarque, gravée en demi-creux, la figure d'une *ascia*.

« Au pied, on lit, en caractères gothiques :

TUMBEAU. SAINCT
LUPIEN. 1517

« Quoique vide, il n'a pas cessé d'être, comme la châsse elle-même, l'objet d'une profonde vénération. » (M. COFFINET.)

L'*ascia*, qui figure assez bien la doloire ou *aissette* des tonneliers et dont la signification symbolique n'est pas déterminée, se trouve très rarement sur les tombeaux chrétiens. M. l'abbé Coffinet en conclut que la tombe où furent déposées les reliques de saint Lupien avait déjà servi, *sur les lieux mêmes*, à une sépulture païenne. Cette hypothèse nous paraît très hasardée. Il serait intéressant de savoir d'où provient la pierre de ce tombeau, pour fixer d'une manière assez précise où les reliques de saint Lupien furent primitivement déposées.

En 1469, les reliques de saint Lupien furent extraites du sarcophage et placées dans une châsse neuve, en présence de messire Louis Raguier, évêque de Troyes, ainsi que le rapporte Des Guerrois. Depuis lors elles furent reconnues authentiques par des procès-verbaux de visite en 1675 et en 1757 (*a*).

(*a*) En 1595, il y avait à l'église sainte Madeleine de Troyes un autel de saint Lupien. (LALORE, *Invent. des églises de Troyes*, n° 1711.)

En cette dernière année, fut délégué par Mgr l'Evêque de Troyes Adrien Violenne, prêtre, curé de Ferreux et de Saint-Loup de Buffigny, doyen rural du doyenné de Marigny (-le-Châtel), assisté de M. Amand-Jacques Masson, curé d'Avon (-la-Pèze,) secrétaire et chargé du discours sur les reliques, de M. Antoine Galbert, curé de Somme-Fontaine, de M. François Loiseau, curé de Marcilly-le-Hayer et de M. Jean-Baptiste Collot, curé de Prunay (-Belleville). — Le grand-vicaire qui donna la commission était M. Desmaretz. — M. Jean-Nicolas Dufour, chirurgien-juré de Nogent-sur-Seine, fit la description des reliques, en présence des témoins susnommés et des habitants. Il reconnut : deux os touchant la tête, — quatorze vertèbres, le reste en poussière, — dix-sept côtes, — une omoplate, — deux clavicules, — l'os du bras, — les humérus, — tous les os des mains et des pieds, — le sternum, — les deux fémurs, — le tibia et les deux péronés non entiers. » (*Archives de la fabrique de Somme-Fontaine.*)

Tel était l'état exact des reliques lorsque éclata la Révolution. En 1793, ces précieux restes furent profanés et brûlés sur le cimetière. Alors une femme, Marie Collot, en recueillit une partie notable, qu'elle plaça dans un lambeau d'étoffe lacérée par les profanateurs. Ce qu'elle sauva et ce que les flammes épargnèrent fut remis, le 13 mai 1829, en présence de M. l'abbé Fournerot, alors vicaire-général, dans la châsse de 1469, tombant de vétusté, et en 1838, une châsse plus décente ayant été acquise au moyen d'une souscription ouverte dans la paroisse, les reliques y furent solennellement transférées en présence de M. Roizard, alors vicaire-général, délégué à cet effet, qui en constata de nouveau l'authenticité. Le curé de Saint-Lupien, au zèle de qui l'on doit ce riche reliquaire, était alors M. l'abbé Arnould, décédé depuis chanoine titulaire de la Cathédrale de Troyes. M. Roizard détacha quelques parcelles des reliques pour en enrichir le trésor de la cathédrale.

La nouvelle châsse est en bois, d'ordre gothique et d'un beau travail ; elle est dorée en plein, ajourée sur toutes ses faces, et ornée aux quatre angles de statuettes dans leurs niches.

L'église de Somme-Fontaine possède donc encore plusieurs ossements de son glorieux patron, notamment un fémur qu'il fallut rompre pour le faire entrer dans la châsse. Le tout est enfermé dans un sac de damas rouge, contenant aussi l'authentique, le tout scellé du sceau de Mgr de Seguin des Hons, alors évêque de Troyes.

Il existe en outre, dans cette même église, une boîte argentée, en forme de quart de cercle, contenant deux fragments de côtes, et un bras d'argent qui renfermait un *radius*.

L'église de Puellemontier, près de Montier-en-Der, placée sous le vocable de saint Louvent, possède un os assez considérable du bras de ce saint. Cette relique est renfermée dans un reliquaire de bois argenté, figurant un bras dont la main est à demi fermée. Cette relique provient du monastère de la Chapelle-aux-Planches (*a*), qui en possédait un grand nombre d'autres. Après la dispersion des religieux par la tourmente révolutionnaire, les pieux habitants de Puellemontier, pour soustraire les reliques aux profanations possibles, se rendirent en procession au monastère le 17 avril 1791, en vertu d'un arrêté du Directoire de la Haute-Marne du 23 mars précédent, et les rapportèrent solennellement dans leur belle église paroissiale bâtie par les religieux, ainsi que trois statues, dont l'une de saint Louvent, très reconnaissable à l'aigle légendaire que l'on a cru d'abord être un corbeau.

La légende du saint honoré à la fois à Châlons, à Somme-Fontaine et à Puellemontier, étant celle de Des Guerrois que nous avons rapportée, — et des ossements importants des bras manquant déjà, en 1757, à la châsse de Somme-Fontaine, nous sommes autorisé à penser que la relique de Puellemontier provient de ce dernier dépôt, dont elle put être détournée en 1469, en faveur de quelque abbé de la Chapelle-aux-Planches, grand amateur de reliques, lors de la translation dont nous avons parlé.

La cathédrale de Verdun ne possède aucune relique de saint Louvent (*b*). Celle de Troyes a un petit fragment d'os de deux centimètres

(*a*) En 666, saint Berchaire bâtit à Mangevilliers, proche Montier-en-Der, un monastère de filles (*Puellarum monasterium*), et depuis lors cette localité prit le nom de Puellemontier. Ce monastère subsista jusqu'au 11e siècle.

Plus tard, vers 1130, un puissant seigneur, Simon de Beaufort, fonda sur un autre point du même territoire un monastère de religieux *prémontrés* connu sous le nom de la Chapelle-aux-Planches, qui subsista jusqu'à la Révolution. Ce monastère était soumis à la juridiction des évêques de Troyes.

(*b*) Les églises de *Robert-Espagne*, de *Remennecourt* et de *Rembercourt-aux-Pots*, du diocèse de Verdun, possèdent quelques reliques de saint Louvent, ainsi que celles de *Fontaines-sur-Marne* et de *Doulevant-le-Château*, du diocèse de Langres.

environ de longueur, authentiqué d'abord par Mgr de Boulogne, puis par Mgr de Seguin des Hons, son successeur, le 4 septembre 1830, antérieurement, par conséquent, à la visite de M. Roizard. Cette relique a pu être distraite de la châsse de saint Lupien, soit en 1469, soit en 1675 ou en 1757, lors des reconnaissances qui furent faites des saints ossements. Il en est de même sans doute de plusieurs fragments authentiques de ces reliques qui sont au secrétariat de l'évêché de Troyes, et entre les mains de quelques particuliers.

IV

Dans plusieurs paroisses, notamment à Somme-Fontaine et à Puellemontier, les reliques de saint Lupien sont l'objet d'un culte tout spérial.

« Le pèlerinage établi à Somme-Fontaine en l'honneur de saint Lupien fut longtemps renommé et suivi. Les miracles constatés, les guérisons obtenues sur son tombeau justifient cet empressement. Les fous furieux et les maniaques surtout y étaient amenés de fort loin.

« Ce pèlerinage fut interrompu pendant la grande Révolution. Rétabli plus tard, son importance fut moindre ; néanmoins il est encore assez fréquenté.

« Une cérémonie extraordinaire, écrivait il y a vingt ans le curé de la paroisse (*a*), est en usage à Saint-Lupien. Chaque année, le jour de l'Ascension, on porte processionnellement autour du village les reliques du saint, en souvenir de la visite de Mgr Raguier, en 1469, et de la translation qu'il fit alors des reliques de saint Lupien de sa tombe antique dans la châsse neuve en bois doré.

« Il y a seulement quelques années, alors que la foi était encore vivace au fond des cœurs, les habitants des paroisses voisines venaient en foule assister à la procession, et chacun se disputait l'insigne honneur de porter les reliques du saint martyr. De même, le 13 octobre, jour du

(*a*) M. l'abbé Courillon.

pèlerinage, de pieux pèlerins venaient de fort loin réclamer sa puissante intercession, et plus d'une fois il plut à Dieu de récompenser leur confiance par des faveurs et des guérisons signalées.

« Aujourd'hui, continue-t-il, l'affluence n'est pas moins grande, mais une tout autre pensée anime la foule qui se presse dans nos rues. Le jour de la fête est transformé en foire et en marché. C'est la curiosité plutôt que la foi qui conduit cette masse, même à l'église, où sont exposées les reliques du saint patron. »

Voici ce que nous écrit à ce sujet le curé actuel, l'obligeant M. Carpentier, le 18 mai 1892 :

« Le pèlerinage de saint Lupien se fait annuellement et solennellement le dimanche qui précède le 13 octobre, jour de la fête du patron. Toute la population se fait un devoir d'assister à cette procession qui parcourt la paroisse avec la châsse de saint Lupien, exposée ensuite durant toute l'octave. Le 13 octobre, il y a encore solennité. Toute la paroisse assiste aux offices, célébrés avec le concours des curés voisins. Mais le dimanche qui suit, qui est fête *gastronomiqne* et jour de foire, saint Lupien n'est pas vénéré comme il devrait l'être ; il y a en effet affluence considérable de monde, mais c'est plutôt à cause de la foire et par curiosité bien plus que par dévotion qu'on assiste aux offices. Chaque année, paraît-il, l'affluence diminue, ce que je ne regrette nullement. »

Remarquons en passant que la distinction des deux fêtes est un correctif qui n'existe pas dans bien des pèlerinages, transformés en lieux de dissipation et même de licence.

« A Puellemontier, dit M. l'abbé Didier, dans une intéressante notice sur ce village, le pèlerinage de Saint-Louvent a lieu le 1er mars, et l'on y vient des environs. Cette date rappelle la première translation des reliques au monastère de la Chapelle-aux-Planches où se fit longtemps ce pèlerinage avant la Révolution. Lorsqu'à cette dernière et triste époque les nombreuses reliques (*a*) du couvent furent transportées, le 17 avril 1791, à l'église paroissiale où elles sont encore, on ne changea point la date du pèlerinage, à laquelle on était habitué.

« Ce jour-là, on chante la messe à l'autel de la sainte Vierge, près

(*a*) Il y en avait, dit-on, de *quarante-sept* saints et saintes différents.

duquel est placée la statue du saint, tenant sa tête en ses mains. On expose ensuite, durant tout un mois, la relique dans son reliquaire plus haut décrit. Après la messe, le curé bénit de l'eau, du pain, des oignons, de l'orge, de l'avoine, soit pour l'usage des personnes, soit pour celui des animaux.

« L'usage est de bénir l'eau, dont les malades se servent en boisson et aussi pour laver leurs yeux. Cette vertu attribuée à notre saint viendrait-elle de ce que ses yeux et sa bouche ont une puissance efficace sur l'eau, par suite du contact de l'eau de la rivière où elle fut jetée ? Il est permis de le supposer. »

A Châlons, la fête de saint Louvent fut, de temps immémorial, célébrée le 22 octobre. L'office du saint se lit dans un curieux manuscrit, à la fois bréviaire et missel, de la fin du treizième siècle ou du commencement du quatorzième, conservé à Paris (*a*). Des offices différents se trouvent dans des bréviaires postérieurs de Châlons, de 1509, 1543, 1665 et 1840. Peu à peu, le culte de saint Louvent est tombé en désuétude en cette ville, et maintenant il est le même qu'on a coutume de rendre dans les autres églises aux saints dont on garde les reliques. (*M. l'abbé* BOITEL.)

A Doulevant-le-Château, dont le nom n'est qu'une altération de *Dom Louvent*, la fête du saint a lieu, comme à Châlons, le 22 octobre, jour regardé comme l'anniversaire de sa mort, sans autre solennité que celle d'une fête patronale ordinaire. Mais dans cette paroisse existe une fête spéciale, dite *des Reliques*, qui se célèbre solennellement chaque année le mardi de Pâques. On y porte en procession, autour du cimetière, les saintes reliques renfermées en six bustes. Chose digne de remarque et que chacun aime à rappeler, jamais la pluie n'a empêché cette procession, dont l'origine remonte sans doute à la translation des reliques de saint Louvent, dont la Révolution a presque totalement détruit le précieux dépôt (*b*).

Saint Louvent ou Lupien est le patron des paroisses de :

Lavincourt, Rembercourt-aux-Pots, Remennecourt, Robert-Espagne

(*a*) Bibl. de l'Arsenal, *Inter missales præclarissimum Volumen*, T. L., *123*.

(*b*) D'après M. l'abbé DIDIER, enfant de Doulevant-le-Château.

et Villers-aux-Vents ou *aux Vans* (*Villare-ad-Vannos*, 1711), du diocèse de Verdun ;

Potangis, Blaise-sous-Arzillière, Hauteville, Frignicourt, Bignicourt-sur-Marne, Cloye-sur-Marne et Vauclerc, du diocèse de Châlons :

Andelot, Longchamp, Fontaine-sur-Marne, Daillancourt, Doulevant-le-Château, Doulevant-le-Petit, Baudrecourt, Brousseval, Attencourt et Chancenay, du diocèse de Langres ;

Somme-Fontaine, Colombé-la-Fosse et Chaumesnil, du diocèse de Troyes.

Aucune paroisse du diocèse de Mende n'a saint Louvent pour patron.

Le nom des trois villages de Louppy (Meuse), *Lupentium castrum*, *Lupentium parvum*, *Lupentium super Losonium*, et celui de Louvemont (Haute-Marne), *Lupentii mons*, semblent dérivés de *Lupentius*.

Pour ne rien omettre, rappelons un très antique usage qui existait encore, il y a un quart de siècle, dans la paroisse de Villers-aux-Vents :

« Le 22 octobre de chaque année, jour de la fête de saint Louvent, patron de la paroisse, a lieu l'adjudication des fruits communaux provenant des arbres plantés sur le chemin qui conduit à la fontaine dite de *Saint-Louvent*. L'adjudicataire de l'année précédente, que l'on nomme *lancier*, muni de sa *lance*, qui consiste en une simple ronce garnie de rubans, et d'une paire de gants à l'usage d'homme, parcourt le village pour prévenir les habitants de se trouver à l'adjudication de ladite lance et des fruits, qui aura lieu le soir du lendemain, au milieu de la rue, et demeurera à la personne ayant la mise au lever de la première étoile. L'adjudication avait lieu autrefois moyennant une certaine quantité de cire que l'on convertissait en cierges destinés à la chapelle du saint, mais depuis 1844, cette redevance se paie en argent au profit de la commune. » (*Annuaire de la Meuse*, 1848, *statistique du canton de Revigny*, p. CXXVIII.)

Cet usage, qui dégénéra peu à peu en réjouissances profanes et parfois même licencieuses, a été aboli vers 1865. Il serait curieux d'en connaître l'origine. Viendrait-elle d'une ronce ayant entouré la tête ou le corps du saint martyr, apportée, conservée et vénérée à Villers-aux-Vents, suspendue à une *lance*, et qui se louait chaque année, comme certains *bâtons* de confrérie ? La lance aurait disparu, et une simple ronce, annuellement renouvelée, en aurait perpétué le souvenir. Ceci est une pure hypothèse.

V

Deux sanctuaires seulement, à notre connaissance, ont été spécialement construits en l'honneur de saint Louvent : l'un à Rembercourt-aux-Pots, l'autre à Somme-Fontaine-Saint-Lupien.

« La tradition locale, dit M. H. Jeannin dans ses notes sur *l'Histoire de Verdun*, rappelle qu'un *martyrium* fut élevé au lieu où l'aigle déposa la tête de saint Louvent, et que ce *martyrium* devint la belle église de Rembercourt. » Grégoire de Tours dément cette tradition quand il dit que « le chef du saint fut enseveli avec son corps sur la rive de l'Aisne. »

« Une autre tradition, dit encore M. Jeannin, attribue à la reine Brunehaut la première origine de l'église. Honorer ainsi la mémoire de saint Louvent, c'était peut-être, aux yeux de cette princesse rusée, le moyen de dissimuler la part qu'elle avait prise dans un crime qu'elle avait laissé impuni et qu'elle parut même récompenser, en faisant élever le comte Innocent sur le siège épiscopal de Rodez. » « On croit pieusement, dit de son côté M. l'abbé Cloüet dans l'*Histoire ecclésiastique de la province de Trèves*, que ce seigneur rentra en lui-même, fit pénitence de son crime et contribua au monument expiatoire de Rembercourt. » Mais pourquoi venir si loin pour faire amende honorable ? Rembercourt aurait donc eu quelque titre particulier à cette munificence ? Ne serait-ce pas là que le pieux Hermance aurait apporté les restes de Louvent après qu'il les eut levés de terre ?

Quoi qu'il en soit, l'église de Rembercourt, bien qu'inachevée, est l'une des plus belles du diocèse de Verdun, et paraît remonter au quatorzième ou au quinzième siècle. Outre quelques restes qui appartiennent à une époque très reculée, on y remarque aussi du roman mêlé aux parties plus modernes. On voit dans cette église, continue M. Cloüet, les armes de Raoul, sire de Louppy, qui vivait en 1329, et au portail, celles de René II, roi de Sicile et duc de Bar, décédé en 1508.

On y voyait autrefois les statues de Brunehaut et de saint Louvent ; aujourd'hui encore le miracle de l'aigle y est représenté par deux sculptures, l'une à la clé de la voûte, au-dessus du chœur, l'autre au sommet de l'ogive de l'entrée principale.

Le portail n'offre qu'une tour sur la droite ; l'autre n'a pas été achevée. Cette tour et le portail sont chargés de nombreux bas-reliefs ; d'un côté l'on voit des cariatides accompagnées d'enfants nus ; deux mères, dans le même état de nudité, présentent le sein à leurs nourrissons. Le long de la façade règne un cordon de figures allégoriques et des bustes de bienheureux. Vers le sommet de la tour, une femme agenouillée présente un de ses seins qu'elle presse d'une main : elle symbolise, soit la Charité qui sustente les pauvres, soit la Religion qui nourrit l'âme.

Aucun des historiens qui se sont occupés de ce bel édifice, ruineux pour une localité dépourvue de ressources, n'a parlé des bienfaiteurs à qui l'on doit les constructions les plus récentes. S'il était permis de suppléer par des conjectures au silence absolu qui règne à cet égard dans nos annales, nous émettrions l'opinion que le portail, style renaissance, resté inachevé, doit être attribué à la munificence de René II qui, en 1501, réunit à ses domaines ce qui lui manquait de la seigneurie de Rembercourt, et dont la mort, survenue sept ans plus tard, aurait brusquement arrêté les travaux.

De dimensions plus modestes, l'église de Somme-Fontaine n'est pas sans mérite. La vieille tour, reste de l'antique sanctuaire construit par les Berruyer, seigneurs du lieu, est du douzième siècle et domine le chœur, comme la plupart de celles qui ont précédé l'affranchissement de la commune. Le reste de l'édifice date du quinzième et du seizième siècle, et remonte à l'époque où l'évêque Raguier transféra les reliques de saint Lupien dans la première châsse.

« La porte principale a une archivolte ornée de feuillages, de fruits et d'animaux fantastiques. Le tympan est décoré de niches avec de beaux dais sculptés, mais veuves de leurs statues. Il est couronné par une arcade en accolade, sous laquelle s'enroulent des feuilles de choux frisés ; de chaque côté s'élèvent deux clochetons.

« Outre la tombe antique où furent apportés les restes vénérés de saint Lupien, on remarque dans l'église un calvaire, style renaissance, formé de bas-reliefs en pierre dans un encadrement grec. Il a été mutilé en 1793. Les divers épisodes de la vie de saint Lupien, réunis en petits tableaux, entourent le sujet principal, le crucifiement : composition touchante qui offre, à côté de la Passion du divin Maître, le martyre de son serviteur. Malgré la rage des iconoclastes, on distingue encore parfaitement saint Lupien présenté au baptême, — agenouillé devant l'autel du monastère dont il fut abbé, — recevant l'ordination des mains de son évêque (Eventhe), — annonçant ensuite la parole de Dieu ; puis se déroulent les diverses phases de son martyre et les miracles opérés par son intercession. » (*M. l'abbé* CARPENTIER.)

On voit aussi, dans cette église, un vieux tableau où figurent Acymine et Rodon tranchant la tête du saint, et au retable de l'autel principal, une toile neuve où saint Lupien est représenté debout et décapité, apparaissant à des bergers dans une sorte de transfiguration. Un aigle enlève la tête du saint martyr et paraît vouloir la replacer sur ses épaules. Dans le fond du tableau, on voit les assassins qui fuient la rage dans le cœur, et un personnage revêtu de pourpre, Boson sans doute, qui semble hébété devant l'apparition de sa victime, et dont la bouche béante paraît laisser échapper ces paroles : « *Adjuva me, Lupenti!* » (*M. l'abbé* COURILLON.)

« Un vitrail du sanctuaire de l'église de Doulevant-le-Château représente aussi le martyre de saint Louvent. Ce vitrail sort des ateliers de M. Champigneulle, de Metz (*a*).

« Près de la porte latérale de cette même église, on lit sur un pilier extérieur une inscription latine dont voici la traduction :

« Cette église est bâtie en l'honneur du Très-Haut et pour la louange de la très sainte Vierge Marie ; de plus, le glorieux saint Louvent y est à juste titre vénéré, soit par les habitants, soit par les voyageurs et les étrangers. » (*M. l'abbé* DIDIER.)

(*a*) Actuellement à Paris.

VI

Nous ne pouvons passer sous silence, en terminant cette dissertation, une opinion émise et soutenue par M. l'abbé Didier dans un ouvrage fort intéressant (*a*). Se fondant sur le texte qui suit, extrait d'une charte latine de l'abbaye du Der, existant, dit-il, aux archives du département de la Haute-Marne, et qu'il nous a été impossible de contrôler (*b*), cet auteur prétend que c'est à Moëslains, village situé près de Saint-Dizier, à gauche de la Marne, qu'aurait été décapité saint Louvent. Voici la traduction de ce texte :

« Est quædam ecclesia juxta prœdictum castrum in honore S. Sepulchri, S. Mariæ, S. Stephani protomartyris, quam sanctus Lupentius, dùm eremiticam vitam duceret, a fundamentis locavit ibique tamdiu conversatus est, donec Brunichildis impiissima regina eum decollari fecit. »

C'est-à-dire :

« Il existe audit village (?) une église élevée à l'honneur du Saint-Sépulcre, de sainte Marie, de saint Etienne premier martyr, dont saint Louvent, pendant sa vie d'ermite, jeta les fondements. Et il demeura là jusqu'à ce que la très impie reine Brunehaut lui fit trancher la tête. »

Cette opinion, que M. l'abbé Didier appuie du texte assez peu concluant de Mabillon, est partagée par M. Beschefer qui, dans ses notes manuscrites, dit que saint Louvent, quittant Moëslains pour retourner à Mende, aurait été atteint à Eclaron par les émissaires de Brunehaut, décapité, puis jeté dans la Blaise. Cette rivière tombant dans la Marne à peu de distance, les historiens auraient, dit-il, au lieu de la Blaise, désigné la Marne comme plus connue en France.

(*a*) *Vie de saint Louvent ou Lupien*, Wassy, I. Guillemin, 1873.

(*b*) Cette charte est celle que Ducange a communiquée aux Bollandistes, d'après le cartulaire de Montier-en-Der, et qu'ils ont reproduite en partie. Mabillon avait lu ou cette charte, ou une analyse peu exacte, et il n'affirme rien quant au lieu du martyre. Il dit seulement que, dans cette charte, Molain (Moëslains) est indiqué comme le lieu où fut décapité saint Louvent. (*M. l'abbé* NIORÉ.)

André du Saussay, qui prend saint Louvent de Châlons et celui de Mende pour deux personnages différents (b), dit aussi : « Au diocèse de Châlons, saint Louvent, martyr, qui, séparé volontairement du monde, fut décapité par ordre de l'impie Brunehaut, tandis qu'il s'adonnait tout entier au service de Dieu dans une petite église, bâtie par lui dans le désert. »

En somme, quand on y regarde de près, ce ne sont là que des conjectures, ayant leur source dans l'*improbabilité* d'une marche rétrograde de saint Louvent vers le nord après son départ de Ponthion. Il nous semble tout aussi improbable que Louvent, échappé des mains de sa royale persécutrice, eût songé à s'établir aux portes de son ancien cachot pour y vivre en ermite et y jeter les fondements d'une église, au lieu de retourner vers ses moines inquiets de sa longue absence.

Après avoir étudié à fond son sujet, et malgré tout son désir de faire accepter sa thèse, M. l'abbé Didier, après avoir rapporté ailleurs,sur la foi d'une tradition, que notre saint aurait péri aux environs de Puellemontier, conclut ainsi dans sa bonne foi :

« En résumé, saint Louvent, abbé de Saint-Privat de Mende (en Gévaudan), a été *très vraisemblablement* martyrisé aux environs de Moëslains ; son corps *aurait été* jeté dans la rivière de Marne, en 587 (a). Le saint était âgé d'environ quarante-huit ans. »

Pour nous, voici nos conclusions :

Saint Louvent, dont le lieu de naissance est inconnu, fut abbé de Saint-Privat de Mende, et martyrisé par ordre ou avec la complicité de Brunehaut sur les rives de l'Aisne. Son corps et sa tête, précipités dans cette rivière, en furent retirés miraculeusement, enterrés près de là, pieusement transportés ensuite dans une église prochaine, puis plus tard dans la cathédrale de Châlons-sur-Marne. Vu l'importance du saint dépôt de Somme-Fontaine, il faut attribuer ses reliques à un autre

(a) On lit en effet dans son martyrologe, à la date du 22 octobre : « Mimate Gabalorum *natalis* sancti Lupentii, abbatis basilicæ sancti Privati. » Dans la langue liturgique, le mot *natalis* indique, non pas la naissance, mais la mort des saints. — Il parle ensuite de saint Louvent de Châlons à la date du 6 novembre.

(b) Baronius, Lecointe, dom Bouquet, H. Valois, Vaissette, Longueville, Mabillon et les Bollandistes placent cette mort en 584.

Lupentius et dire avec les Bollandistes (*a*), malgré l'opinion de Des Guerrois et la tradition du pays, que cette paroisse honore notre Louvent comme son patron, tandis qu'elle possède les reliques d'un bienheureux homonyme, à qui l'on a adapté, en l'absence de détails sur sa vie, la légende du saint athlète du Gévaudan.

Certain *Lupentius* s'est-il fixé à Moëslains et y a-t-il bâti une église ? Il n'y a là rien d'improbable. Des Guerrois et les Bollandistes citent plusieurs saints de ce nom qui semble un diminutif de *Lupus*.

« Mais, nous dira quelque critique, à quel saint attribuerez-vous donc les miracles relatés par Des Guerrois, pour ne parler que de ceux-là ? Est-ce à celui dont les ossements ont reposé à Somme-Fontaine, ou à la victime de l'impie Brunehaut ? » Cette question, ce nous semble, est plus insidieuse que sérieuse. Les malades ont imploré leur guérison par l'intermédiaire des deux saints qu'ils confondaient en un seul, comme l'ont fait de plus érudits, et Dieu, sans s'arrêter à cette confusion bien pardonnable, a récompensé leur foi en exauçant leurs prières. C'est pourquoi les habitants de Somme-Fontaine seraient coupables de délaisser des reliques dont Dieu s'est servi pour opérer ces miracles, qu'ils possèdent depuis tant de siècles, et dont l'authenticité, loin d'être contestée, a été reconnue et affirmée à plusieurs reprises par d'éminents prélats, quoiqu'on ignore le véritable nom du bienheureux à qui ces restes appartiennent.

Notre tâche modeste est finie. Puissent Dieu et saint Louvent bénir notre travail ! Puissent aussi les persécuteurs de l'Eglise rentrer bientôt en eux-mêmes, reconnaître leur erreur, et s'écrier, à l'exemple du criminel Boson, en se frappant la poitrine :

ADJUVA NOS, LUPENTI !

(*a*) « *Ita ut ossa Trecensia, si quæ habeantur, alterius* OMNINO *Lupentii sint.* »

APPENDICE

I

LE MONASTÈRE DE SAINT-PRIVAT ÉTAIT-IL A JAVOULX, VILLE ÉPISCOPALE?

M. le chanoine Bosse, dans une dissertation érudite et très documentée, répond à cette question par la négative et conclu ainsi :

1° Javols n'a pu être le siège des évêques de Mende jusqu'au Xe siècle, puisqu'il a été ruiné vers la fin du IIIe siècle et ruiné sous la *période païenne*, ses ruines n'ayant donné aucun vestige chrétien, et au contraire, de nombreux débris de divinités païennes;

2° Javols ne peut non plus s'appuyer sur l'expression : *Evêque Gabalitain ;* cette qualification ne venant pas de *Gabalum*, mais de la *région Gabalitaine*, puisqu'elle a été usitée quatre siècles après celle d'*Evêque de Mende*, et conjointement avec elle ;

3° Javols n'est pas plus favorisé par l'autre expression : *Cité Gabalitaine*, usitée dans les anciens textes, puisque le *martyre*, le *tombeau*, la *basilique*, le *monastère* de Saint-Privat dont parle ces textes, appartiennent à Mende, qui est nommément désigné par saint Grégoire de Tours et le Martyrologe de saint Jérôme : *In Gavallis vico Mimatensi ;*

4° Les actes abrégés de saint Privat, donnés par le manuscrit de Saint-Maximin, de Trèves, document du VIIe siècle, disent formellement que notre Martyr avait adopté le *viculus* de Mende, parce que *ses prédécesseurs y avaient établi leur résidence, et y avaient choisi leur sépulture* (a)

(a) Nous avons adopté, comme plus probable, la date de 265 pour le martyre de saint Privat ; d'autres historiens l'ont fixée en 406.

5° Les actes de saint Hilaire, évêque de Mende, nous le montrent se construisant une demeure à deux mille pas de Mende, parce qu'il aimait à y aller prier, de nuit, sur le tombeau de saint Privat.

6° Enfin, c'est de Mende qu'au commencement du VIIe siècle, Bertrand de Marseille fait partir saint Ilère, autre évêque de cette ville, pour aller visiter, consoler, consacrer sainte Enimie, fille de Clotaire II et sœur germaine de Dagobert; c'est à Mende qu'on envoie chercher l'Evêque pour procéder à l'invention des reliques de cette sainte, longtemps avant 951, époque où le monastère de sainte Enimie, qui possédait les reliques de son illustre patronne, fut donné à l'abbé de la *Chaise-Dieu*, à raison de l'état de décadence de ce monastère (*a*).

II

Passio sancti Lupentii, abbatis

(Ex S. Gregoris Turonensi *Hist. Francorum*, lib. VI, cap. 36 a.)

Lupentius, abbas basilicæ Sancti-Privati martyris urbis Gabalitanæ, a Brunichilde regina accersitus, advenit. Incusatus enim, ut ferunt, fuerat ab Innocentio supradictæ urbis comite, quod profanum aliquid effatus de regina fuisset. Sed discussis causis, cum nihil de crimine majestatis conscius esset inventus, discedere jussus est. Verum ubi viam carpere cœpit, iterum ab ante dicto comite, captus ad Ponticonem villam deductus, multis suppliciis est affectus; dimissusque iterum ut rediret, cum super Axonam fluvium tentorium tetendisset, iterum irruit super eum inimicus ejus. Cujus vi oppressi amputatum caput in culeum oneratum lapidibus posuit et flumini dedit, reliquum vero corpus vinctum cum saxo immersit gurgiti. Post dies vero paucos apparuit quibusdam pastoribus, et sic extractum a flumine sepulturæ mandatum est. Sed dum necessitates funeris pararentur, et ignoraretur quis esset e po-

(*a*) Le monastère de Sainte-Enimie était bâti dans les gorges du Tarn. — *Sainte-Enimie*, qui tire son nom de ce monastère, est un chef-lieu de canton du département de la Lozère, arrondissement de Florac. — La *Chaise-Dieu*, Haute-Loire, célèbre abbaye bénéd. fondée en 1046 par S. Robert d'Aurillac.

pulo, præsertim cum caput truncati non inveniretur, subito adveniens aquila levavit culeum a fundo fluminis et ripæ deposuit; admirantesque qui aderant, apprehenso culeo, dum sollicite quid contineret inquirunt, caput truncati reperiunt, et sic cum reliquis artubus est sepultum. Nam ferunt nunc et lumen ibi divinitus apparere, et si infirmus ad hunc tumulum fideliter deprecatus fuerit, accepta sospitate recedit.

(*Bollandistes*, 22 octobre.)

III

Vita S. Lupentii, abbatis et martyris

(Ex Breviario Catalaunensi ms.)

1. Beati Lupentii dicturus necem, prius necesse intimare scelera Brunechildis nefandissime regine, quo quanta ejus pravitas pertinaciaque extiterit animi contra auctoritatem divini precepti facilius a prudenti lectore animadverti possit, cujus quamvis nefanda scelera paucis nequeant comprehendi, pauca tamen de multis explicare conabor. Hec igitur regina, de qua facta est mentio, erat accensa flammis avaricie ac torquebatur alterius felicitatibus in tantum, quatinus istius rei gratia frequenter bella inter Francorum proceres orirentur, videlicet propter ipsius nefandissime iniquissima consilia. Nam nobiliores sine causa deponebat de propriis sedibus, atque in eorum sedibus infirmos quosque ignobilesque commutabat.

2. Pro cujus nequicia et iniqua actione plurimi Francorum dispersi sive interfecti sunt. Infelici vero illi tam multa hec scelera non suffecerunt; sed etiam contra ipsos arietes dominici gregis arma nequitie sue crudeliter coegit. Denique ipsa infelicissime tenebat filium filii sui ac regnum ipsius, id est Theodoricum regem, ipsumque in persecutionem armaverat Christi sacerdotum; quin etiam beatissimum Columbanum abbatem exilio condempnavit et destinavit. Nec multo spatio tempori peracto, sanctum Desiderium clarum eque virum, Viennensis ecclesie episcopum, lapidum ictibus interemit. Et quia malicia supra dicti regis Theodoriçi contra Domini sacerdotes accensa fuerit, in sequentibus palam ostendetur.

3. Hic preventus iniquissimis consiliis atque deceptus, ac si demonis spiritu actus, ausus est fatigare ac debellare ecclesiam Christi; similis

factus est belue, que sanguinis copiam sitit ; haud secus iste sitiebat detrimenta justorum. Denique nemo audebat, pravitatem nequiciamque ipsius regine arguendo, corripere ; quia cunctos opprimebat per secularem potentiam. Nonnullique ministrorum, qui decepti favebant prave ejus accioni, honoribus dilatabantur aut muneribus ditabantur. Nobilissimi vero qui consentire detrectabant, facultatibus ab ea nudati, per eam in quantum in ipsa erat ignobiles reddebantur.

4. Decretum quoque ejus erat, ut quicumque ejus pravitati inventi fuissent derogari, aut carcelari custodie mancipati, aut exilii expulsione dampnati, sive etiam morte mulctati crudeliter penis subjicerentur. Et ut breviter comprehendam que gesta sunt, illud a nobis pandendum est, quia in tantum ejus nequicia venit in effusione sanguinis innocentis, quo malicie sue magnitudine vel nequicia quoque Jhezabel preire videretur. Hec de nequiciarum ejus cumulo narrasse sufficiat.

5. Sanctus igitur Lupentius martyr Domini eximius, cujus mentio in superioribus relata est, secundum seculi nobilitatem illustribus Gavellitano territorio exortus est parentibus ; et deinde litteris eruditus atque religioni deditus, adeptus est gradum presbyterii, consentiente vite merito cum sanctitatis decore. Qui cum traditum sibi officium irreprehensibiliter exiberet, a quodam, qui nequissimo spiritu contra eum incitatus fuerat, cesus fertur in conspectu regine. At Dei servus cum minime recognosceret eaque sibi ingerebantur, non est cunctatus arguere in conspectu omnium iniqua opera suprascripte iniquissime regine, cum omni tamen decore patientie.

6. Tunc Jhezabel nostri temporis hec audiens, permota veluti nequissimo spiritu, arreptum jussit Christi Famulum atrioribus (atrocioribus ?) affici injuriis, atque carcerali mancipari custodie. Tunc sanctus Lupentius traditus est Bosoni tribuno, servabatur autem trusus a carcere ut reus, insomps (insons), sed tamen a reis. Sed conscius innocentie atque puritatis proprie manebat Sacerdos Dei liber atque intrepidus. Et (tanta) in tribulatione positus confidebat de auxilio divino, dicens illud propheticum : « Fidelis Dominus in omnibus verbis suis, et sanctus in omnibus operibus suis ; » atque sciens de repromissione, quia dicitur : « Quoniam non dereliquit Dominus sperantem in se, » firmabatur cor ejus in dilectione Domini. Cui etiam in carcere posito, oranti devotissime revelatio divinitus facta est, eo quod esset paulo post de seculo migraturus, et sanctis Martyribus Martyr ipse sociandus.

Unde letus effectus, Domino gratias egit, atque custodibus indicavit revelationem a Domino hanc sibi concessam, eo quod dissolutio sui corporis immineret. Quo dilli regine sub velocitate intimaverunt. Illa vero sciens sanctum Sacerdotem ab omnibus diligi atque venerari, noluit eum occidere publice propter opprobrium : sed jussit eum custodia relaxari.

7. Dolens vero sanguinis bibula, eo quod morte ejus non esset satiata, nocte eum clam persequi jussit atque interimi. Tunc Aciminus et Bodo, quam vis essent lampade terrene generositatis lucidi, obcecati tamen erant sucio (fuco ?) prave voluntatis, qui more latronum eum nocte secundum regine imperium consequentes in ipso horrore tetre noctis peremerunt, videlicet propter tumultum populi. Ita denique regina mandaverat. Illi vero egerunt secundum latronum morem, qui constituti in insidiis innocentes quosque jugulant. Denique caput abcissum, qui (quod ?) pondere ac glide circondatum in flumen MATEONE projicerunt. Sed et cum seorsum corpus sancti Viri super undas ferretur, illi onerantes iddem gravi pondere, iterum eidem gurgiti mancipaverunt.

8. Dominus vero Jesus Christus, qui protector agminis suoruum fidelium in periculis (esse) consuevit, atque post finem victorie glorificare non cessat, etiam istius sancti Viri necem non dimisit occultam, neque passus est manere inultam. Denique illucessente die ac recedentibus tenebris obscure noctis, aquila cito volans prospexit caput sancti Viri jacens in profundo pelagi, que celeri volatu dimisse, levatum caput de lymphis in littore illesum deposuit. Aliud etiam miraculum virtus divina dignata est monstrare pro sancti Viri capite. Jacebat quidem expositum ab aquila, nec venerabatur, sed pocius tenebatur donec ministri humanitatis advenirent. Nam virtus divina, que imperavit volucri, quatinus hoc caput levaret de profundo gurgitis, ipsa divina clementia animonuit (admonuit) Paulum presbyterum quatinus dignum sepulture locum preparet. Qui veniens caput reperit, sicut fuerat abscissum a corpore. Quod cum veneratione suscipiens, sepelivit honorifice more canonico.

9. Non multo spatio post temporis transacto, miraculum claruit jubente Domino pro corpore ejusdem sancti Martyris, quatinus dignaretur pietas divina (monstrare) cujus meriti sanctus Vir fuerit. Denique corpus submersum in supra dicto flumine, sub onere immense ponde-

ris, cum ipso pondere, regente virtute divina, ipsum corpus exanime natavit ex profundo aquarum. Quod cum pervenisset ad littus, incole regionis illius haud procul a littore sepelierunt. Denique admonitus est per visum devotus vir Hermensius ne permitteret sancti Martiris membra jacere in littore, sed potius cum decore ea colligeret atque intra septa basilice collocaret. Qui jussis obtemperans, transtulit ea cum decore in basilica sancti Remigii confessoris, que subjacebat cure ipsius regiminis, cum sumno honore tradidit sepulture.

Gloriose martyr Lupenti, cujus venerabile corpus ab aquila monstratur in terris, cujus spiritus a Domino coronatur in celis, te devote petimus, tuum recolentes triumphum, intercede pro nobis ad Dominum nostrum, qui vivit et regnat Deus per omnia secula seculorum. Amen.

(*Bollandistes*, au 22 octobre.)

— A la suite de celle-ci, se lit, dans les Bollandistes, une autre vie plus abrégée de saint Lupentius, tirée d'un manuscrit de la Bibliothèque de l'Arsenal, T. L. 123e.

LÉGENDES

IV

Bréviaire de Verdun

Lupentius abbas, sanctitate et doctrina non minus insignis quam genere, cænobio præerat sancti Privati in urbe Gabalitana, cum, immani perditorum hominum commento, apud reginam Brunechildem læsæ majestatatis insimulatus est. Hujus machinationis artifex fuisse perhi-

Louvent, abbé, non moins illustre par la sainteté de sa vie que par la noblesse de son extraction, dirigeait le monastère de Saint-Privat, à Javoulx, lorsque sur les calomnies très graves d'hommes corrompus, il fut accusé auprès de la reine Brunehaut du crime de lèse-majesté. L'auteur de ce complot était, à ce qu'on rapporte, le comte de Javoulx, Innocent, qui condamnait, pour injurieuses envers la reine, certaines paroles prononcées par le saint dans ses prédications. Mandé à la cour de Metz, Louvent se justifia si bien de cette fausse accusation que la manifestation de la calomnie ajouta une nouvelle splendeur à son innocence et fit tomber une souveraine honte sur l'accusateur,

Ce que cet ennemi très irrité supporta durement ; il donna l'ordre de s'emparer de Louvent au sortir de la cour et de le conduire à Ponthion où il le tourmenta de divers supplices atroces. Cependant ce ne fut point par force ouverte qu'il se résolut de faire périr le noble prêtre, mais discrètement et par ruse, de peur de s'attirer la haine de tous par un si grand crime. Le saint abbé fut donc mis en liberté, et il s'était arrêté sur les bords de l'Aisne pour prendre un peu de repos, quand des scélérats, envoyés contre lui, l'assaillirent à l'improviste ; ils décapitent cet homme surpris ; puis afin de détruire les traces de leur crime, ils attachent le corps à une pierre très pesante et le jettent dans un endroit très profond de la rivière. La tête, renfermée dans un sac avec des pierres, fut plongée dans les eaux non loin du même lieu.

Mais ces objets sacrés, qu'une fureur aveugle tentait d'anéantir à

betur Gabalorum comes Innocentius, qui concionantis verba quædam arguebat, quasi in prædictam reginam contumeliosa. Metas proinde in aulam accitus, confictum crimen ita diluit, ut splendorem adderet ejus innocentiæ detecta calumnia, et in summun proditoris dedecus verteretur.

Quod indigne ferens hostis infensissimus Lupentium ab aula discedentem comprehendi jussit, atque Ponticonem in villam deductum multis et atrocioribus exagitavit suppliciis. Nec tamen vi aperta, sed clanculum et per insidias egregium statuit auferre sacerdotem, ne ex tanto scelere omnium in se odia concitaret. Dimissus itaque sanctus abbas, dum ad ripam Axonæ fluvii paululum sese reficiendi causa subsideret, missi sunt homines nefarii, qui ex improviso in eum irruerent et incautum obtruncarent ; atque ut flagitii delerentur vestigia, corpus saxo alligatum mandarunt gurgiti caput vero cum lapidibus insutum culeo procul ab eodem tractu immersum est.

At quæ tentabat cœcus furor obruere sacra pignora non erant

in oblivione coram Deo. Paucis enim elapsis diebus, repertum corpus a pastoribus est, ac de gurgite assumptum. Dum autem inter astantes cujus esset ambigeretur funerique pararentur necessaria, fama est advolantem aquilam, culeum ab imo sublatum flumine, littore deposuisse ; quo statim excusso, cum amputatum caput apparuisset, una cum reliquis artubus ibidem sepulturæ mandatum fuisse. Refert Gregorius Turonensis sæpius contigisse ut infirmi piissime ad tumulum sancti martyris accedentes, recepta sospitate, in sua recederent. Beati Lupentii caput in insigni basilica Remberti-Curiæ, diœcesis Virdunensis, reconditum traditur.

jamais, Dieu ne les oublia pas ; peu de jours après, le corps fut retrouvé par des bergers et retiré des eaux profondes. Mais une grande incertitude régnait parmi les spectateurs au sujet de savoir de qui étaient ces dépouilles mortelles ; or, tandis qu'ils faisaient les préparatifs nécessaires des funérailles, on raconte qu'un aigle se diriga vers eux et déposa un sac sur le bord après l'avoir retiré du fond de la rivière. Ce sac fut aussitôt fouillé, et la tête, qui avait été tranchée, apparut et fut livrée à la sépulture au même lieu avec le corps.

Selon le récit de saint Grégoire de Tours, il arriva souvent que des malades se retiraient guéris après s'être approchés très pieusement du tombeau du saint martyr. On dit que la tête du bienheureux Louvent est conservée dans l'insigne basilique de Rembercourt, au diocèse de Verdun.

V

Bréviaire de Mende

Lupentius abbas sancti Privati, martyris, urbis Gabalitanæ, vitam sacerdote dignam agebat, cum gravi persecutione oppressus est. Hunc apud Brunechildem reginam accusavit Innocentius, ejusdem urbis ac totius regionis comes, de verbis in eam contumeliose prolatis. Sed

Louvent, abbé de Saint-Privat, à Javoulx, menait une vie vraiment sacerdotale, lorsqu'il fut accablé sous les coups d'une violente persécution. Innocent, comte de ladite ville et de toute la région, l'accusa auprès de la reine Brunehaut d'avoir proféré contre elle des paroles injurieuses. Après un examen attentif de la cause, son innocence fut reconnue, et Louvent reçut l'ordre de se retirer. Mais à peine s'est-il mis en chemin qu'il est de nouveau saisi par ce comte inhumain et conduit à Ponthion où il subit divers tourments. Enfin parvenu aux bords de l'Aisne, il est assailli par les satellites de son ennemi, qui lui tranchent la tête ; puis l'ayant renfermée dans un sac qu'ils chargent de pierres, ils la précipitent dans la rivière ; pour le corps, ils l'attachent à une pierre très pesante et le plongent dans un endroit profond de l'Aisne.

Quelques jours après, le corps apparut, dit-on, à des bergers, qui le retirèrent des eaux pour le livrer à la sépulture. Mais tandis que se faisaient les préparatifs nécessaires des funérailles, sans toutefois que le peuple connût de qui étaient ces dépouilles mortelles, d'autant plus que la tête n'avait pas été retrouvée, il advint, à ce qu'on rapporte, un aigle qui souleva un sac du fond de la rivière et le déposa sur les bords. Pleins d'étonnement, les spectateurs s'emparèrent du sac et cherchèrent avec empressement à savoir ce qu'il contenait ; ils trouvèrent la tête qui avait été tranchée et l'ensevelirent avec le corps. Les habitants du lieu, après une diligente enquête, parvinrent à connaître l'identité de Louvent et sa vie très sainte ; aussi commença-t-il à être en très grande vénération

discussis causis et innocentia Lupentii comprobata, discedere jussus est. Verum ubi via carpere cœpit, iterum a crudeli comite comprehensus, et Ponthionem deductus, multis afflictus est suppliciis. Tandem redux jam ad Axonam fluvium pervenerat, cum iterum irruunt in illum inimici satellistes, caput ei amputant, et in culeo lapidibus onerato inclusum, in flumine projiciunt. Reliquum vero corpus vinctum cum saxo immergunt gurgiti.

Post dies vero paucos apparuisse dicitur quibusdam pastoribus, et sic extractum à flumine, sepultura mandatum fuisse. Sed dum pararentur funeri necessaria, nesciente populo quis esset, præsertim cum caput non inveniretur, fama est, advenientem aquilam ex imo flumine culeum sustulisse, et ad ripam deposuisse. Mirantes vero qui aderant, apprehenso culeo, dum sollicite quid contineat inquirunt, caput amputatum reperisse et cum reliquo corpore sepeliendum curasse. Facta subinde a loci incolis diligenti inquisitione, cum innotuisset quis esset, et quam sancte vixisset, in summa veneratione esse cœpisse apud omnes, ut intrepidum præconem verbi divini et invictæ fortitudinis exemplar.

Narrat Gregorius Turonensis sua ætate asseri lumen divinitus apparere super sancti martyris tumulum. Addit etiam infirmum, si ad hunc veniens pie oraverit, accepta sospitate recedere. Sacrum Lupentii corpus e pago Pertensi Catalaunum translatum est et religiose asservatum. Providit autem Deus ut Ecclesiæ Gabalitanæ, quam virtutum exemplo Lupentius adornaverat, sacris etiam exuviis quodammodo redivivus præsidio esset. Insignem earum partem obtinuit Gabriel Florentius de Choiseul, Episcopus Mimatensis, et in ecclesiam cathedralem reverenter et solemni pompa transtulit, paulo ante medium sæculi decimi octavi, die kalendas novembris undecima.

auprès de tous, comme un intrépide héraut de la parole divine et le modèle d'un invincible courage.

Selon le récit de Grégoire de Tours, on affirmait de son temps qu'une lumière apparaissait d'une manière miraculeuse sur la tombe du saint martyr ; le même auteur ajoute que les malades se retiraient guéris après avoir prié pieusement auprès de ce tombeau. Le corps sacré de Louvent fut transféré du village de Perthes à Châlons où il est conservé religieusement. Mais selon les desseins de la divine Providence, à cette église de Javoulx elle-même qu'il avait ornée de l'exemple de ses vertus, Louvent revint pour ainsi dire, dans ses dépouilles augustes, pour en être la défense. Gabriel Florent de Choiseul, évêque de Mende, obtint une partie insigne de ses reliques qu'il déposa dans l'église cathédrale avec beaucoup de dévotion et au milieu d'une pompe solennelle, un peu avant le milieu du 18e siècle, le onzième jour des calendes de novembre.

VI

Bréviaire de Chalons

Lupentius abbas Basilicæ sancti Privati martyris uurbis Gabalitanæ, a Brunechilde regina arcessitus advenit. Incusatus enim, ut ferunt, fuerat ab

Louvent, abbé de la basilique de Saint-Privat, martyr, à Javoulx, se rendit auprès de la reine Brunehaut, mandé par elle ; il était accusé, à ce que l'on rapporte, par le comte de ladite ville, Innocent, d'avoir proféré des paroles criminelles contre la reine. Après un examen attentif de la cause, n'ayant pas été reconnu coupable du crime de lèse-majesté, il reçut l'ordre de se retirer. Mais à peine s'est-il mis en chemin qu'il est suivi de nouveau par le même comte et conduit à Ponthion où il subit divers tourments. Remis en liberté pour qu'il continuât sa route, il avait déjà dressé sa tente sur les bords de l'Aisne, lorsqu'il fut encore assailli par son ennemi ; ce dernier l'accable sous ses coups, lui tranche la tête, et l'ayant enfermée dans un sac qu'il charge de pierres, il la jette dans la rivière ; pour le corps, il l'attache à une pierre très pesante et le plonge dans un endroit profond de l'Aisne.

Quelques jours après, le corps apparut à des bergers qui le retirèrent des eaux pour le livrer à la sépulture. Mais tandis que se faisaient les préparatifs nécessaires des funérailles sans toutefois que le peuple connût de qui étaient ces dépouilles mortelles, d'autant plus que la tête du décapité n'avait pas été retrouvée, soudain il advint un aigle qui souleva un sac du fond de l'eau et le déposa sur le bord. Pleins d'étonnement, les spectateurs s'emparent du sac et cherchent avec empressement à savoir ce qu'il contenait ; ils trouvèrent la tête du décapité et l'ensevelirent avec le corps.

Innocentio supradictæ urbis comite, quod profanum aliquid effatus de regina fuisset. Sed discussis causis, cum nihil de crimine majestatis conscius esset inventus discedere jussus est. Verum ubi viam carpere cœpit, iterum ab antedicto comite captus, et ad Ponticonem villam deductus, multis suppliciis est affectus ; dimissusque iterum ut rediret, cum super Axonam fluvium tentorium tetendisset, iterum irruit super eum inimicus ejus. Cujus vi oppressi amputatum caput in culeum oneratum lapidibus posuit, et flumini dedit ; reliquum vero corpus vinctum cum saxo immersit gurgiti.

Post dies vero paucos apparuit quibusdam pastoribus, et sic extractum a flumine sepulturæ mandatum est. Sed dum necessitates funeris pararentur, et ignoraretur quis esset a populo, præsertim cum caput truncati non inveniretur, subito adveniens aquila levavit culeum a fundo fluminis, et ripæ deposuit. Admirantesque qui aderant, apprehenso culeo, dum sollicite quid contineret inquirunt, caput truncati reperiunt ; et sic cum reliquis artubus est sepultum.

(Addita ex veteribus Monumentis.)

Facta subindè a loci incolis diligenti inquisitione, innotuit quis esset, quam sancte vixisset, a quo et qua ratione occisus. Narrat idem sanctus Gregorius Turonensis, quod sua ætate assereretur, lumen divinitus apparere super sancti martyris tumulum ; addit etiam quod si infirmus ad hunc veniens fideliter deprecatus fuerit, accepta sospitate recedat, sacrum Lupentii corpus e pago Pertensi Catalaunum translatum est, ubi aliqua pars hujus verendi pignoris, perturbationibus desinentis sœculi decimi octavi superstes, in Ecclesia cathedrali religiose asservatur.

(Additions faites d'après d'antiques monuments.)

Les habitants du lieu, après une diligente enquête, parvinrent à connaître l'identité de Louvent et sa vie très sainte, l'auteur et la cause de sa mort. Selon le récit du même Grégoire de Tours, on affirmait de son temps qu'une lumière apparaissait d'une manière miraculeuse sur la tombe du saint martyr ; le même auteur ajoute que les malades se retiraient guéris, après avoir prié avec foi auprès de ce tombeau. Le corps sacré de Louvent fut transféré du village de Perthes à Châlons ; une certaine partie de ces gages vénérables échappée aux troubles du 18e siècle finissant est conservée religieusement dans l'église cathédrale.

VII

Bréviaire de Troyes (1829)

Lupentius in agro Privatensi, sub finem seculi sexti, nobilibus et piis natus parentibus, adolescentiam castitate morum eximia commendavit. Sacerdos factus, procurande animarum saluti totus incubuit, justitiæ vindex acerrimus assiduusque vitiorum objurgator, etiam regiorum. Itaque a Brunechilde in carcerem detrusus, variis afficitur tormentis, populo non probante. Sedi-

Lupien naquit au territoire de Privat, vers la fin du 6e siècle, de parents nobles et pieux ; il rendit son adolescence recommandable par la pureté exquise de ses mœurs. Ordonné prêtre, il se livra tout entier au salut des âmes ; il fut l'intrépide vengeur de la justice et le censeur infatigable des vices, même dans les princes. C'est pourquoi, ayant été mis en prison sur l'ordre de Brunehaut, il subit divers tourments à la grande désapprobation du peuple. Craignant pour ce motif une sédition, la reine ordonne publiquement de délivrer Lupien de ses chaînes, mais elle envoie secrètement des sicaires qui attaquent le saint pendant la nuit et l'égorgent. La tête fut détachée, puis enfermée dans un sac et jetée dans la Marne, ainsi que le corps qui fut attaché lui-même à une pierre très pesante. Mais bientôt, par la Providence de Dieu, le fardeau sacré flotta vers la rive, et des bergers avertis le reçurent et le livrèrent à la sépulture, en même temps que la tête, qui avait été retirée des eaux par un aigle, vraiment ministre, en cette occasion, du Maître du tonnerre. Dans la suite, ces saintes dépouilles furent partagées; l'église cathédrale de Châlons obtint la tête; le reste du corps fut donné à un village du diocèse de Troyes, appelé d'abord Somme-Fontaine, mais honoré maintenant du nom de Saint-Lupien; il y est conservé et entouré d'une grande vénération par le peuple. Vers le milieu du quinzième siècle, ces gages précieux ont été visités solennellement par Louis, évêque de Troyes, et la solennité de cette visite est célébrée chaque année dans l'église de ce village.

tionis igitur metuens regina, Lupentium vinculis eximi publice jubet, clam vero sicarios mittit qui noctu sanctum aggressi jugulant. Abscisum ejus caput culeo insutum, corpus autem saxo oneratum Matronæ fluvio projiciunt. At mox gubernante Deo, sacrum pondus ripæ adnatans excipiunt admoniti pastores, epulturæque mandant, necnon et caput ab aquila, tunc vere tonantis ministra, aquis eductum. Partitis postea sanctis exuviis caput obtinuit Catalaunensis Ecclesia Cathedralis, reliquum vero corpus datum vico cuidam diœcesis Trecensis, qui vocabatur Summi-Fons, nunc sancti Lupentii nomine insignito, ibique asservatum magna populorum veneratione colitur. Pretiosum hoc pignus, mediante seculo decimo quinto, solemniter a Ludovico Trecensi episcopo visitatum cujus visitationis sive translationis solemnitas quot annis in propria Ecclesia celebratur.

Bréviaire romain

Lupien naquit au territoire de Privat, vers la fin du 6e siècle, de parents

Lupentius, in agro Privatensi, sub finem seculi sexti, nobilibus et piis natus parentibus, adolescentiam castitate morum eximia commendavit. Sacerdos factus, procurandæ animarum saluti totus incubuit, justitiæ vindex acerrimus assiduusque vitiorum absque personarum acceptione objurgator. Itaque in carcerem detrusus, variis afficitur tormentis, populo non probante. Unde cito vinculis eximitur, clam vero sicarii noctu sanctum aggressi jugulant. Abscissum ejus caput culeo insutum, corpus autem saxo oneratum Matronæ fluvio projiciunt. At mox, gubernante Deo, sacrum pondus ripæ adnatans excipiunt admoniti pastores sepulturæque mandant, necnon et caput ab aquila aquis eductum. Partitis postea sanctis exuviis, partem obtinuit Catalaunensis ecclesia cathedralis, partem alteram vicus quidam diœcesis Trecensis, qui vocabatur Summus-Fons, nunc sancti Lupentii nomine insignitus ; ibique pretiosum hoc pignus, mediante seculo decimo quinto, solemniter a Ludovico Trecensi Episcopo visitatum, magna populorum veneratione colitur.

nobles et pieux ; il rendit son adolescence recommandable par la pureté exquise de ses mœurs. Ordonné prêtre, il se livra tout entier au salut des âmes, il fut l'intrépide vengeur de la justice et le censeur infatigable des vices sans acception de personnes. C'est pourquoi, ayant été mis en prison, il subit divers tourments à la grande désapprobation du peuple ; délivré bientôt de ses chaînes par ce motif, il fut attaqué secrètement la nuit par des sicaires qui l'égorgèrent. La tête fut détachée, puis enfermée dans un sac et jetée dans la Marne, ainsi que le corps attaché lui-même à une pierre très pesante. Mais bientôt, par la Providence de Dieu, le fardeau sacré flotta vers la rive, et des bergers avertis le reçurent et le livrèrent à la sépulture en même temps que la tête, qui avait été retirée des eaux par un aigle. Dans la suite ces saintes dépouilles furent partagées : une partie fut donnée à l'église cathédrale de Châlons, l'autre partie à un village du diocèse de Troyes, appelé d'abord Somme-Fontaine, mais honoré maintenant du nom de Saint-Lupien. Là, dans ce village, ces gages précieux ont été visités au milieu du quinzième siècle par Louis, évêque de Troyes, et ils y sont entourés d'une grande vénération par le peuple.

VIII

Prose

Ad honorem tuam, Christe,
Representet Ecclesia
Quæ et quanta martyr iste
Passus fuit crudelia

Sub Regina Brunelchide
Quæ habebat dæmonia ;
Prospice, audi, vide
Quæ sit ejus malitia.

Gaudet damnis alienis
Illius avaritia ;
Divitibus et egenis
Tristis est atque anxia.

In Francorum proceribus
Infert inimicitias ;
Nobiliores sedibus
Deponebat et gratiâ,

Infimis nobilibus
Donans eorum prædia.
Hanc Beatus Lupentius
Reprehendens de scelere,

Jussit servis quantocius
Sanctum poni in carcere.
Memor Dei non oblitus,
Orationi deditus,

Dum fuisset in carcere
Positus, Deum colere
Non cessavit humiliter,
Sed orabat fideliter.

Deus Sancto Lupentio
Dixit : Esto de præmio
Firmus ; nostro Collegio
Addendus es martyrio.

Valdè lætus efficitur,
Et à quibus custoditur
Dixit dissolutionem,
Sui Dei visionem :

Vadam,inquit, ad Dominum,
Non habens longum terminum.
Statim custodes carceris
Dicunt Reginæ et cæteris.

Hic Sanctus, cujus hodiè
Celebrantur solemnia,
Jam revelatâ facie
Regem cernit in gloriâ.

Illic Regina Virginum
Transcendens culmen cordium,
Excuset apud Dominum
Nostrorum lapsus criminum.

Nos ad Sanctorum gloriam
Per ipsius suffragia,
Post præsentum miserium
Christi perducat gratia. Amen.

(Extrait du *Missel gothique* publié, en 1533, par Mgr Odard Hennequin, évêque de Troyes.)

VERDUN. IMPRIMERIE DE CHARLES LAURENT, ÉDITEUR
12 et 14, Quai de la République.

ESQUISSES HISTORIQUES DU MÊME AUTEUR

BIOGRAPHIES MEUSIENNES

Nicolas FRANÇOIS, poëte cordonnier; *Almanach de Bar*, 1867.

Jean-Baptiste BROUSSIER, maréchal de camp; *Almanach de Bar*, 1868.

François DE GUISE; *Annuaire de la Meuse*, 1886.

LEVRECHON, mathématicien; *Annuaire de la Meuse*, 1888.

VAYRINGE, *L'Archimède lorrain;* Annuaire de la Meuse, 1888.

CUGNOT, ingénieur; *Annuaire de la Meuse*, 1888.

Claude-François DENIS, antiquaire; Nancy, 1893.

Edme-Bonaventure COURTOIS, conventionnel; Bar-sur-Aube, 1892.

HENRION DE PANSEY, savant jurisconsulte, président de la Cour de Cassation; Bar-le-Duc, 1892.

DIVERS

LE COLLÈGE DE LAMARCHE-WINVILLE; *Almanach de Bar*, 1886.

LE CAMP DE LA WOËVRE; Mémoires de la *Société des Lettres, Sciences et Arts* de Bar-le-Duc, 1871.

UNE VISITE AUX RUINES DE GRAND (Vosges); même publication, 1872.

MONTAIGUILLON; *Almanach d'Arcis*, 1872.

SAINT BAUSSANGE, apôtre d'Arcis, sa vie, ses reliques et son culte; *Revue catholique de Troyes*, 1889.

VOUTHON-HAUT ET SES SEIGNEURS; Mémoires de la *Société des Lettres, Sciences et Arts* de Bar-le-Duc, 1890.

PARMENTIER ET SA LÉGENDE; même publication, 1891.

J. M. FORGEOT, instituteur; Mémoires de la *Société académique de l'Aube*, 1891.

ENCORE LE CAMP DE LA WOËVRE; Mémoires de la *Société des Lettres, Sciences et Arts* de Bar-le-Duc, 1892.

GLOSSAIRE ABRÉGÉ DU PATOIS DE LA MEUSE, bel in-8° de 560 pages; Crépin-Leblond, Nancy, 1887. Prix............... 10 fr.

A PROPOS DE TROIS MOTS PATOIS; L. Frémont, Arcis-sur-Aube, 1886.

VERDUN, IMPRIMERIE DE CHARLES LAURENT.

www.ingramcontent.com/pod-product-compliance
Lightning Source LLC
LaVergne TN
LVHW020037170826
845678LV00001B/298

* 9 7 8 2 3 2 9 6 9 8 5 0 2 *